孫社長のむちゃぶりをすべて解決してきた すごいPDCA

はじめに
超スピードで、残業なしで結果を出す方法

「予定通り進めているが、**期限までに結果を出せそうもない**」

「今日も仕事が終わらない。また**終電まで残業だ**」

「周りの人に比べて、**私は要領が悪くて仕事が遅い**」

「自分で目標と計画を立て、その通りにやるのが**いつまでたっても苦手**」

「上司の指示通りやっても、**うまくいかない**」


こうしたことで日々悩んでいる人は多いと思います。

もし今、あなたがこうしたことで悩んでいるとしても、**それはあなたのせいではありません。**

今までの仕事の仕方、上司の考え方が、時代に合わなくなっているだけです。

この本は、そんな悩みを抱える皆さんのために書きました。

「自分で考えて、時間をかけずに、予定通りの成果が出る」

その方法がまとまっている仕事術の本です。

もし今、目の前に難しい仕事があって、仕事や人生につらさを感じている人は、この本を最後まで読んでみてください。

読み終えたとき、今までとはまったく違う新しい人生が待っています。

PDCAの使い方がすべてを変える！

PDCAにどんなイメージを持っているかを聞くと、ほとんどの人がこうしたことを答えます。

「仕事で成果を上げるためには大切だと思うのだけど、『使ってみて成果が出た』という感覚がない」

だから、大事だという思いはあっても、PDCAを普段は意識することはなく、その使い方や効果を考えないわけです。

でも、多くの人はすでに知っているはずです。ＰＤＣＡはいい仕事をするうえで欠かせない、目標設定、計画立案、実行、検証、改善の五つのポイントを押さえていると。

では、この五つのポイントが、もっと速く、機能的に実行できるようになるとすれば、ＰＤＣＡへの考え方はどうなりますか？

想像してみてください。

あなたが携帯電話の販売をしているとします。

お店にお客さんがやってきたとき、どんなことを考えますか？

たとえば、こんなことを考えるのではないでしょうか。

その人の性別、服装、持ち物、年ごろなどから、どんな色、機能の携帯なら気に入るだろうか。頭の中で、ああでもない、こうでもないと綿密に相手のことを分析して、どのような機能が付いた携帯電話なら満足してもらえるか考えを巡らせる……。

どうでしょうか。多くの人が頭の中で仮説を立てては捨て、また仮説を立てるというサイクルを回しています。そう、実は、何度も繰り返しＰＤＣＡを回しているのです。

ほかにも「ＰＤＣＡ」は、製造業の製造現場や業務管理として使われるだけでなく、仕事でアイデアを出したり、営業でいい成績を出したり、総務が効率的に働ける環境をつくったり……と、さまざまな仕事で大切な役割を果たしています。

つまり、このＰＤＣＡを、もっと速く、機能的に回すことができれば、仕事のスピードや結果は当然、劇的によくなるのです。

そして、私はソフトバンクでその変化を実感しました。

ソフトバンクは、孫正義《そんまさよし》社長のもとで常にフルスピードで物事が進んでいきます。しかも、多数の案件を同時に動かすので、普通のやり方ではついていけません。

それでも私は、必死に孫社長の仕事を横で見て真似することで、仕事のスピードについていけるようになり、仕事の質も高まりました。結果的に独立し、会社を立ち上げ、自分のやりたい仕事をすることができ、収入も増えました。

それを実現できたのは、ＰＤＣＡを素早く、機能的に回したからです。今の私はＰＤＣＡだけで仕事をしているとも言えます。**だから、ＰＤＣＡをきちんと回しさえす**

れば、仕事も人生も思い通りになると言っても間違いありません。

孫社長を徹底的に分析してできた「高速PDCA」

ここで少し、私についてお話しさせてください。

私は新卒で入った三菱地所を3年で辞め、ソフトバンクに入社しました。ソフトバンクでは、孫正義社長お抱えのカバン持ちの秘書、そしてプロジェクトマネージャーとして、いくつもの大型プロジェクトを成功させてきました。たとえば、

- 「カーポイント（現・カービュー）」の立ち上げ
- 新興企業向け証券市場「ナスダック・ジャパン」の開設
- 日本債券信用銀行（現・あおぞら銀行）の買収
- ブロードバンド通信事業「Ｙａｈｏｏ！ＢＢ」の立ち上げ

こんなことをしてきました。つまり、孫社長のもとで、証券市場を作り、銀行を買収し、通信キャリアを作ったのです。

どれも、普通の会社なら一つの事業として、社運を賭けてチャレンジするレベルのことばかりで、普通は成功までに十数年かかりますが、ソフトバンクではこんな事業ばかりを次々に立ち上げ、そして私はその先頭に立ってプロジェクトを引っ張ってきました。

ひょっとすると、「自分にできそうもない」「すぐれた才能を持った人」と思ったかもしれません。

けれども、**こうした「誰もがすごい」と思う仕事は、やり方次第で誰でもできる、**と言っても過言ではありません。

その理由をお話しします。

ソフトバンクに入社した当時、私は弱冠25歳の若造でした。三菱地所時代は、目の前の仕事に精一杯頑張っていましたが、現実は、ビジネスにおけるまったくのど素人です。どちらかといえば、うっかりミスの多い平凡な社員でした。

ソフトバンクに入社後、孫社長のもとでさまざまな仕事を任されましたが、どれもはじめての仕事ばかりで、任された当初は、とてもこなせないという仕事ばかりでした。入社後はじめての仕事は、「3日で経営要素1万件をピックアップしろ」というものでしたが、とてつもない数のうえ、漠然とした依頼で、難しい仕事でした。

また、側近としてさまざまなところに出かけるものの、孫社長の足を引っ張ることもよくありました。たとえば、当時の私は英語がまったく話せず、Ｙａｈｏｏ！とのビジネス・ミーティングで、ジェリー・ヤンや初代ＣＥＯのティム・クーグルが同席する中で孫社長に大恥をかかせてしまいました。

ですが、孫社長のもとでは、そんなことは関係ありません。

私が仕事ができようができまいが、どんどん新しい仕事が降りかかってきます。

だから、私は**「仕事との向き合い方」**を徹底的に工夫しました。

まず、孫社長が言ってくることは無茶ぶりばかりで、常人の思考ではとてもついていけない。でも、孫社長は、実は誰もが無理だと思うことをやっている。

それなら、**孫社長の仕事のやり方を徹底的に分析して、それを自分の仕事術にすれ**

ばいい。

分析をした結果、孫社長の仕事にはこんな特徴があることがわかりました。

- 「目標へのこだわり」が異常に強い
- 目標を達成するために、「ありとあらゆる方法」を試している
- 「数字で厳密に」試した方法を検証している
- 「常にいい方法」がないかと探っている

そう、**ＰＤＣＡに忠実に仕事をしている**のです。

でも、少しだけ普通のＰＤＣＡの回し方とは違いがあります。それに気づいた私は、何が違うかを明らかにし、**従来のＰＤＣＡを改善して新しいＰＤＣＡ**を生み出すことに成功しました。

その結果、入社から2年後に社長室長というポストに就くことができました。

そして、ソフトバンク社内で何か問題が発生すると必ず孫社長や社内の誰もが、「何か困ったことが発生したら、全部、三木にやらせとけばなんとかするだろう」という不思議な信頼を勝ち得るまでになりました。

そして私は33歳のとき、ソフトバンクを辞め、起業しました。

今でも孫社長とのつながりで、年に一度くらいベンチャー企業の仲間を連れて孫社長を訪問して、経営についての報告をしたり、相談をさせてもらっています。

ソフトバンクを退社後は、事業のかたわら、ソフトバンク時代の実績を評価されて、「年金記録問題作業委員会委員」など国の仕事も数多く任されるようになりました。

また、2015年春に、トライズというマンツーマン式の英会話教室をスタートしたのですが、わずか1年足らずで単月黒字化を達成しました。現在は、東京の新宿、六本木一丁目、田町三田、大阪の堂島にセンターを開設していますが、今後もどんどん出店予定で非常に好調です。

このすべてで、私はソフトバンクで鍛えた仕事術を使って、プロジェクトをうまくまとめあげています。

私は創業以来、残業することを前提にしたビジネスモデルで会社を成長させるのではなく、誰もが残業しないで、会社が成長できることをめざしてきました。

その結果、現在、私の会社では、**私も社員もほぼすべての人が残業ゼロを実現し、仕**

事だけでなくプライベートも充実した人生を手に入れています。

こうした実績を残してきた仕事術を、私は「高速ＰＤＣＡ」と名付けました。本書では、皆さんがこの方法を簡単に身に付け、一生実践し続けられるようにまとめています。この仕事術を使えば、誰もが、今よりもずっとたくさんの仕事を、もっと精度高く扱えるはずだと断言できます。

いい結果が出ないのには、やっぱり理由がある！

私は孫社長の仕事のやり方を見ているうちに、普通の人が仕事を滞らせている六つの原因に気づきました。

一つ目は、「計画に完璧さを求めること」です。計画の綿密さにばかりこだわってしまった結果、多くの人たちが、成果を出すところまでいけていませんでした。

二つ目は、「一球入魂主義」です。何かの仕事をやるとき、それをクリアするための方法を一つひとつ試していて、すごく時間がかかっていました。

三つ目は、「期限の甘さ」です。目標設定をしたとき、それを達成できたかどうかを確認するスパンはたいてい1週間とか1カ月で、何で自分は目標達成できたのか、またできなかったのかがよくわからなくなっています。

四つ目は、「数値で設定されていない曖昧《あいまい》なゴール」です。せっかく目標を設定し、結果を記録しているのに、それを数字で管理できていないために、次に生かせていない。仕事の見える化ができていなかったのです。

五つ目は、「検証の中途半端さ」です。いろいろな方法を次々に試していく中で、結局、何が一番効果的な方法なのかわからなくなり、最終アウトプットが中途半端に終わっていました。

六つ目は、「自前主義」です。ほとんどの人が自分で何でもできるからという理由で、何かを新しく始めるときゼロから学び始めてしまう結果、結局何も生み出すことができなかったという状況に追い込まれています。

この六つの問題はすべて、高速ＰＤＣＡで解決できます。

高速ＰＤＣＡなら時間をかけずに、短期間で最善のやり方がわかる。そのうえ、数字できちんと分析する方法があるので、改善のポイントが的確にわかります。

「挑戦する者にのみ未来は拓《ひら》かれる」

これは孫社長の言葉です。

孫社長は多くの輝かしい成功の裏で、その数倍の失敗をしています。ですが、そこで立ち止まることなく続けた挑戦。それが孫社長、そしてソフトバンクを成長させ続けているのです。

あなたも、この本を読み終えたとき、これからの時代に大切な仕事のやり方を手に入れて、最高の人生を手に入れることを願っています。

三木雄信

孫社長のむちゃぶりをすべて解決してきた すごいPDCA 目次

はじめに 超スピードで、残業なしで結果を出す方法 1

序章

なぜ高速PDCAなら超スピードで仕事が片づくのか？

Contents

第1章 高速PDCAを動かす8ステップ

第2章

月間、週間ではなく「毎日」の目標を設定する

高速PDCAの「P」

第3章

一つひとつではなく、「同時にすべての手段」を試す

高速PDCAの［D］

第4章

結果は「数字」で厳密に検証する

高速PDCAの「C」

第5章

「いちばんいい方法」だけを磨き上げる

高速PDCAの「A」

第6章

「人の力」を借りて、もっと速くなる

序章

なぜ高速PDCAなら超スピードで仕事が片づくのか？

この本は、ＰＤＣＡを素早く機能的に回すことで、超スピードで成果を上げる「高速ＰＤＣＡ」の手法をまとめたものですが、なぜそれが可能なのか、また、そもそも本当に成果が上がるのかと疑っている人もいると思います。

そのために、この章では、高速ＰＤＣＡがソフトバンクの中で具体的にどのように機能していて、そのおかげでどのような結果が生まれているのか、その具体的なイメージがつくことをお話ししていきます。

ソフトバンクが一番大切にしている「あること」

ソフトバンクという会社をひと言で表すなら、ズバリこうなるでしょう。

「圧倒的なスピードで世界のトップ企業になった会社」

それは、「前例のないことへの挑戦をひたすら繰り返す」、そうすることで可能でした。

たとえば1990年代には、「Yahoo! JAPAN」を設立して国内でいち早く検索サービスを開始しました。2000年代にはADSL事業に破格の料金設定で参入して、日本国内にブロードバンドを一気に普及させました。

2008年にはiPhoneを日本で初めて独占販売し、それまでガラケーが主流だった日本の携帯電話市場を一変させました。

最近は、さまざまなお店でロボットの「Pepper」を見かける機会も増えましたが、これもソフトバンクが開発しました。少し前まで「ロボットが接客するなんて、SFの世界の話じゃないの？」と思っていた人も多いと思いますが、今では特に珍しい光景ではありません。

「日本企業はなかなかイノベーションを起こせない」と言われる中、**なぜソフトバンクだけがハイスピードで革新的な事業を展開し続けることができるのか。**

それは簡単です。**ソフトバンクは、許容できる範囲のリスクでできるすべてのことを、片っ端からやっているからです。**

一般の人々が目にするのは、「ADSL事業で500万人のユーザーを獲得した」

「iPhoneを爆発的にヒットさせた」といった大きな成功だけです。ニュースなどで報じられる情報だけを見れば、ソフトバンクはいきなり大きな目標にチャレンジして、一気に成功を掴《つか》んだように見えるでしょう。

しかし、それは大きな誤解です。

これらの結果はいわば最終ゴールであり、そこに到達するまでに**「さまざまな手段や手法を試し、小さな成功や失敗を積み上げながら、大きなゴールへ到達する」**というプロセスを経ています。

華やかな成功の裏で、実に多くの事業が潰れています。私も正確にどれだけの事業が頓挫したのかはわかりません。

各事業の中でも、さまざまな手段を試してきました。たとえば、ADSL事業では、契約件数を増やすために、日本中のさまざまなテナントでパラソルを立ててモデムを配ったり、目があった人には誰かれ構わずモデムを渡したり、別の商品とセット販売をしてみたりと、いろいろな方法を試しました。

iPhoneの独占販売権も、いきなり獲得できたわけではありません。その何年も前から、ソフトバンクの携帯電話とiPodをセットで販売したり、ソフトバンク

ソフトバンクが急成長できた理由

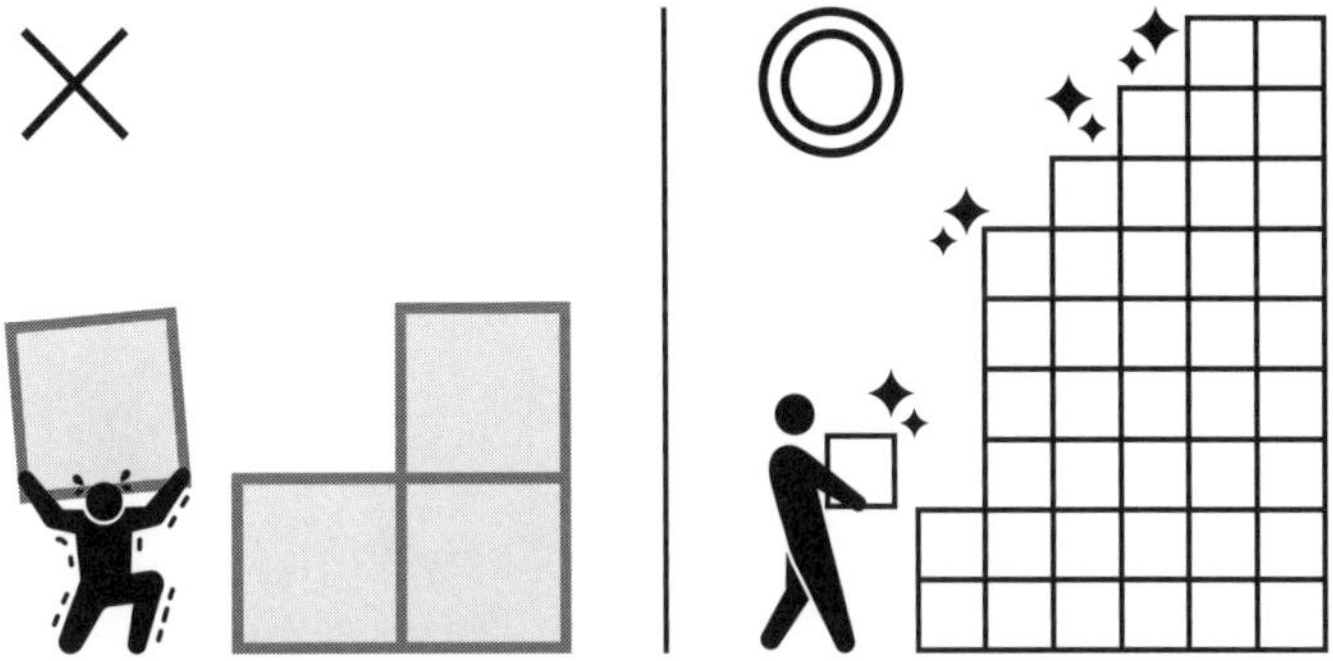

低リスクな挑戦の積み重ねが勝利の秘訣！

モバイルのロゴをｉＰｏｄのイメージカラーと同じ「白地＋銀色」に変更したりと思いつく限りのことをして、アップル社に対して関係をつくっています。だからこそ、スティーブ・ジョブズの信頼を勝ち取り、ビジネスパートナーとして選ばれることができました。

このように、ソフトバンクの歩みは、**高リスクな大きなチャレンジの結果のように見えて、実は許容できる範囲のリスクの挑戦をいくつも積み重ねた末の集大成**なのです。

もちろん、途中で失敗や挫折を味わったこともたくさんあります。しかし、もともと許容できる範囲のリスクで始めたことばかりなので、失敗しても大きな痛手にはなりません。むしろ貴重な経験として、次の事業プランに生かされます。

多くの人は、「孫社長はすぐれた経営センスと勘で、次の時代に流行りそうなものを当てている、だから、それは普通の人にはマネできない」と思っているのではないでしょうか。

事実はそうではなく、孫社長は失敗を繰り返しながら、実直に成功へ近づいていったのです。

この成長の過程で絶え間なく孫社長が回し続けたのがＰＤＣＡです。ただし、少しだけＰＤＣＡの使い方を工夫していました。

こうお話しすると、「それは孫社長というカリスマリーダーが率いる組織だからできることでは？」と誰もが身構えます。

でも、そんなことはありません。これは次に挙げる、たった三つのことを大切にすれば、誰にでもできることです。

①思いついた計画は、可能な限りすべて同時に実行する
②1日ごとの目標を決め、結果を毎日チェックして改善する
③目標も結果も、数字で管理する

これを私は「ソフトバンク三原則」と呼んでいます。

「それほどすごいことはやっていないじゃないか」と感じたかもしれません。

でも、この特別ではない三つのことをPDCAに組み込み、着実に積み重ねてきたことが、ソフトバンク躍進の最大の秘密なのです。

そして、私はこのPDCAを「高速PDCA」と名付けました。

「結果で考える」から、成功しやすい

「この三つで本当に仕事のスピードと結果が変わるのか」

そう疑っている人もいるでしょう。

ですが、本当に変わります。

まずは「①思いついた計画は、可能な限りすべて同時に実行する」からその理由をお話ししていきます。

何か新しいプロジェクトを始めるとき、多くの会社では、綿密に計画を練り上げ、「これならいける！」と社内で了解された、たった一つの計画を実行します。これは、リスクを最小限に減らすためのプロセスと言えるでしょう。

でも、その結果、どうなるか。

うまくいかず、また次の方法を考えるというケースが大半です。

失敗する原因は、「これならいける！」の判断基準が過去の経験に基づいているからです。

新しい顧客を開拓すると決まったとき、10年前にトップ営業マンとして活躍した人からこんなアドバイスをもらったとします。

「営業というのは人と人のつながりだから、電話やＦＡＸではなく、まずは相手のところに足を運んで、顔を見て会話すべきだ。メールなんかもってのほかだぞ」

本当にそうでしょうか。ＩＴが発達した時代にメールを使わないのはなぜでしょう

結果で考えるから、正確だ！

× どんなに綿密な計画を立てても、本当に成功するかはわからない

◎ いろいろ試して、結果で考えるほうが正確で速い！

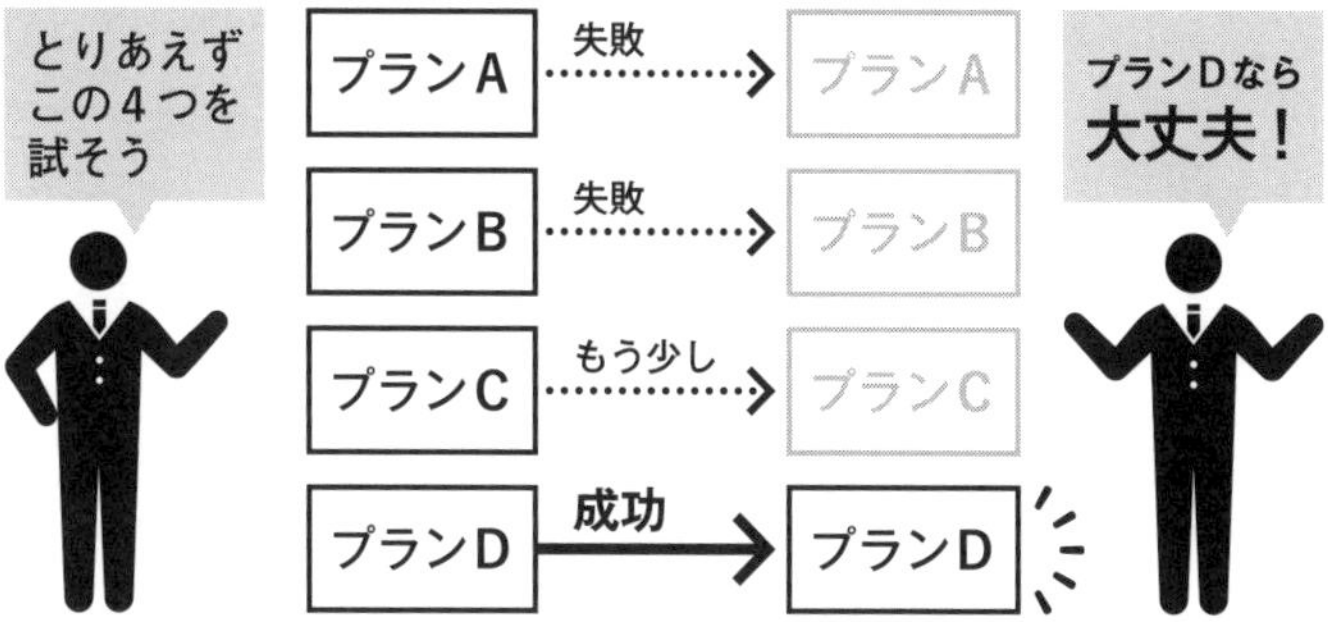

か。人によっては、メール以外は受け付けないということもあるかもしれません。過去の経験にこだわるあまり、かえってリスクが高まってしまう。多くの会社で同じような状態にあるのではないでしょうか。

一方、ソフトバンクで新しいプロジェクトを始めるときは、進め方は実行しながら練り上げていきます。

「顧客の新規開拓をするのは、ただでさえ大変だ。これまでと同じ方法では、新しい顧客を獲得することは難しいだろう。まずは相手にアポイントを取り付けることが最優先だから、確実にそれができる方法を探さないといけない」

「まず相手に連絡する手段は、直接訪問、電話、ＦＡＸ、メール、手紙がある。すべてを試してみて、一番確実にアポイントにつながる方法を探そう」

「五つの方法を試した結果、ＦＡＸを送る方法が一番確実に相手とアポイントがとれることがわかった。次はＦＡＸの内容を工夫してみよう」

こうして思いついたものを次々に実行し、その中から一番費用対効果がすぐれた方法を見つけ出して、ある時点からそこだけに資源を投入する。

このプロセスを経ることで、**過去に裏打ちされた経験則ではなく、目の前の結果をもとに分析し、戦略を立てることができます。**

わざわざ時間をかけて、膨大な過去の事例を探したり、過去の事例について議論する必要はないから、**スピードは最速です。**計画を練り上げているうちに時間が過ぎて、実行する頃にはすっかり周りの環境が変わってしまい、**結局失敗に終わってしまったということもありません。**

「毎日改善する」から、成長が速い

次は、「②1日ごとの目標を決め、結果を毎日チェックして改善する」ことでどう変わるのかをお話ししていきます。

ソフトバンク時代を含め、さまざまなビジネスや事業に関わってきましたが、どの職場でもトップと最下位の業績には大きな開きがありました。

同じ職場で同じ仕事をしていても、できる人と普通の人では最大で3倍の差が出る。

これが私の持論です。

この差は何から生まれるのか。それは**「品質」を意識しているかどうか**にあります。

「Yahoo!BB」のプロジェクトでコールセンターの責任者を務めていたときは、それを特に強く実感しました。

オペレーターの仕事の品質は、「1日に処理できる電話の本数」「お客さま1人当たりの対応時間」「セールス電話で成約をとれる割合」といった指標で判断できます。

仕事ができるオペレーターが1日に30件処理できるとしたら、普通のオペレーターは10件程度。できるオペレーターは、クレームなどの難しい内容でも平均で5分以内に処理できるのに、普通のオペレーターは15分以上かかってしまう。

同じ仕事をしていても、こんなに成果が違うものかとびっくりした覚えがあります。

できるオペレーターは、1件当たりの通話時間をメモしたり、1日で処理できた件数を必ず確認していました。

そして、「どんなトークをすれば、通話時間を短縮できるか？」などと常に考えてい

毎日改善するから、成長が速い

× 普通の人は 1カ月ごとに改善するから成長が遅い

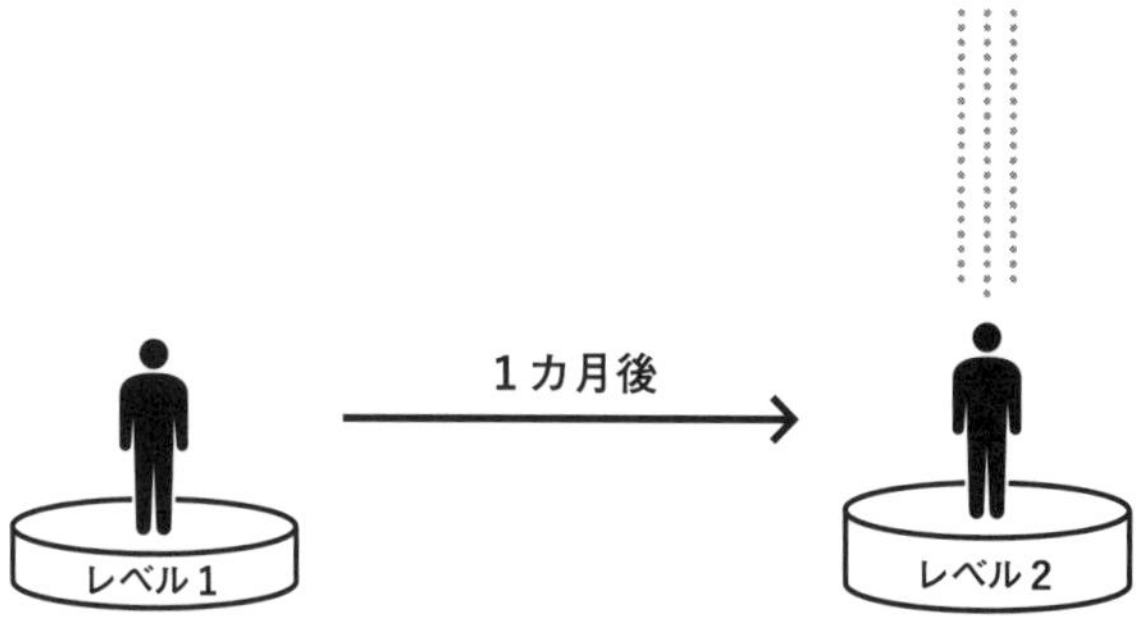

◎ 毎日改善すると、普通の人の何倍ものスピードで成長する

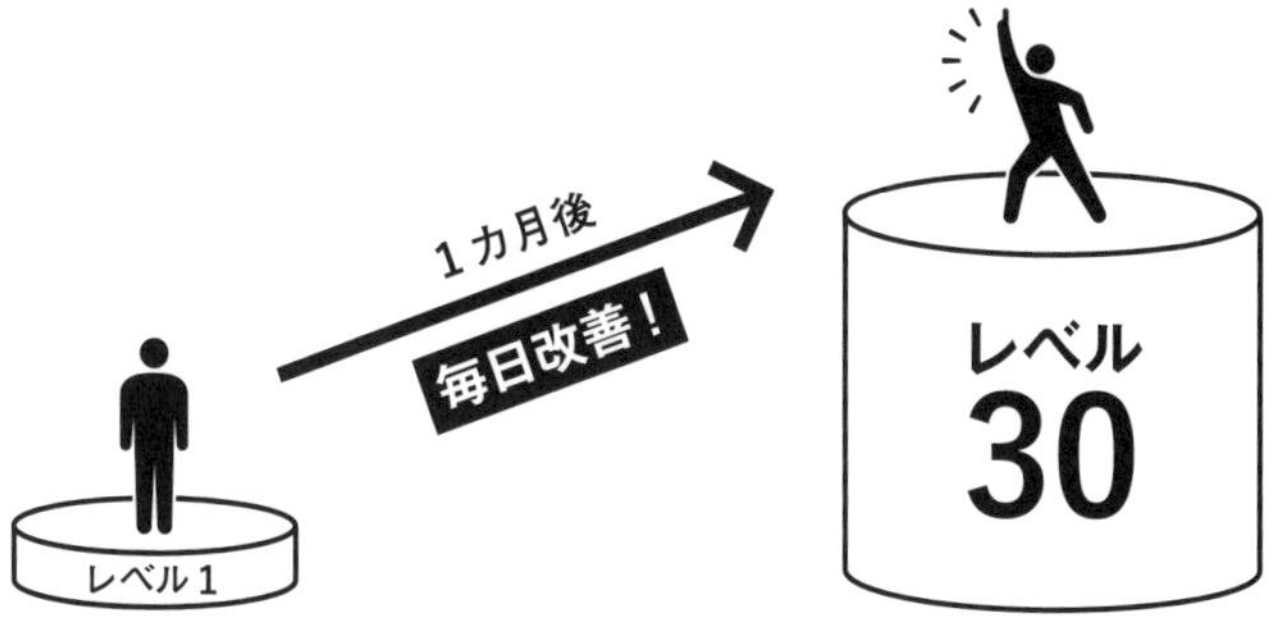

たのです。

ちなみにタクシーの運転手も、まったく同じようです。

私はタクシーに乗ったとき、道に詳しく仕事ができそうな運転手には「きっと会社でも上位の売上でしょう？　他の人と何倍くらい違いますか」と聞くことにしています。するとたいていは「3倍くらいですね」と返ってくる。そこで「なぜ3倍も差がつくんですか」と聞くと、答えはどの人も共通しています。

「考えて走るからですよ。何時頃にどのポイントを流せば、どれくらいのお客さんがいるか。それを毎日考えていれば、他の人より多くお客さんを拾えます」

運転手の皆さんも、やはり毎日の結果を検証しているのです。


このように仕事ができる人は、必ず自分の仕事を振り返っているのです。逆にいうと、**毎日、改善していくことで普通の人でも、高い成果を上げることが可能になるということです。**

ソフトバンクではこの「一見、普通のこと」をまじめに続けてきたから、思い通りの成果をどこよりも速く手に入れることができました。

「数字を使う」から、正確な行動ができる

そして、「③目標も結果も、数字で管理する」です。

「これはすでにやっているぞ」。そう思った人も多いかもしれません。ですが、それは何となく勘や経験に頼ったものではないでしょうか。

ソフトバンクでは、そのレベルでは誰も話を聞いてくれません。ある数字が出てきたとき、なぜその数字なのかということを数字で裏付ける。そのレベルでの分析が求められます。

たとえば、あるドラッグストアの販売実績が日によって変わったとします。そのとき、担当者が「売上が悪かった日は雨が降っている日が多かった、売上が良かった日は晴れている日が多かった」という分析をしたとします。

これでは、ソフトバンクでは通用しません。

多かったということは、雨の日にも売上のいい日があったということです。また、晴れの日にも売上が少なかった日もあったということです。天気は売上に影響を与えた

のかもしれませんが、その効果は限定的だったことが考えられます。

もしソフトバンクの社員なら、雨の日のどういうときなら売上が少なくなるのか、多くなるのか。そういうことまで分析します。

そこまで分析すると、実は、天気ではなくて、近くのスーパーでセールをやっている日、競合店がクーポンを発行している日が関係しているかもしれません。

ここまで情報が集まれば、そういう日に向けて対策を考えることができます。

何となく分析していたことを、厳密に数字で見ていくことで、正確に物事をとらえる。

そうすれば、最適化された行動ができます。正確な行動とは、目標達成への正しいアプローチであり、試している手法が正しいかどうかを明確に見極める行動です。

数字には人を動かす力があります。数字で何か目標を立てることで、その数字を達成するために具体的に何をすればいいかを人は考え始めます。

明確な数字があるから、どういう戦略を立てたら、どういう数字が上がるかを考えることができる。

数字で、目標や結果を管理することで、より早く確実に成果へ近づくのです。

数字で考えるから、本当の原因がわかる

曜日	月	火	水	木	金	土	日
天気	🌧	☀	🌧	🌧	☀	☀	🌧
売上	10万円	**30万円**	5万円	**20万円**	**30万円**	20万円	10万円
スーパー		**特売日**		**特売日**	**特売日**		

売上増加の原因は雨だけではなく、**スーパーの特売日**も関係していた！
スーパーの特売日に合わせて、うちでも何か**キャンペーンをしてみよう！**

数字の細かい変化を見逃さず、「なぜ？」と考えることが大切

磨かれるスキル① 自分で考える力

このようにソフトバンクは三つのことを大切にすることで、圧倒的なスピードで成長を遂げることができるわけです。

ここまで話すと、よくこんなことを言う人がいます。

「ソフトバンクには、優秀な社員がいるから、そんなことが可能なのだ」

確かに、ソフトバンクの社員は優秀です。

でも、最初から優秀だったわけではありません。入社した当初は、他の企業に入った人と大して能力差はないものです。それどころか、過去は中途入社の社員ばかりで玉石混淆《ぎょくせきこんこう》だったのです。

ですが、**平凡だった人たちもソフトバンクで仕事をするうちに、ソフトバンク流の仕事のやり方に慣れ、高いパフォーマンスを上げる**ようになります。

このソフトバンク流の仕事のやり方が「高速ＰＤＣＡ」であり、この仕事のやり方を徹底的に繰り返すことで、個人の能力も組織の力も急激に伸びます。だから、ハイスピードでいい結果が手に入るのです。

高速PDCAを回すことで身に付く力がどんなものかというと、次の五つです。

①自分で考える力
②数字を使う力
③ムダがなくなる
④高いモチベーション
⑤失敗を恐れない力

なぜこの力を身に付けることができるのか。そしてどのようにして身に付けていくのか。それを、ここからはお話ししていきます。

まずは「①自分で考える力」です。

普通の会社では、社員が自分で考えて動くことはあまりないのではないでしょうか。

ほとんどの場合、上司や先輩の経験から計画が立てられて、部下はそれに従ってホウレンソウ（報告・連絡・相談）しながら仕事をする。これが通常なのではないでしょうか。

ですが、これではいつまで経っても考える力は付きません。

ダイエーという企業をご存じでしょうか。一時は売上日本一になったこともあるスーパーマーケットです。

創業者の中内《なかうち》㓛《いさお》氏は現場が好きで、社長や会長になってからも売り場に顔を出しては「この棚の商品を並べ替えろ」といった細かな指示を出していたそうです。

確かに組織が小さいうちは、カリスマ性のあるトップが現場を引っ張ることで活気が生まれ、組織は強くなります。このタイプのトップは、鋭い勘で「何が売れるか」を察することができるので、しばらくは売上も右肩上がりに伸びます。

しかし、7万人超の巨大組織のトップが、現場で今起こっていることを何から何まで把握するのは不可能です。実際に本人も、最後の頃は「現場がわからんようになった」とこぼしていたと聞きます。

カリスマの指令だけに頼る組織は、現場で起こっている目の前の変化に対応できず、

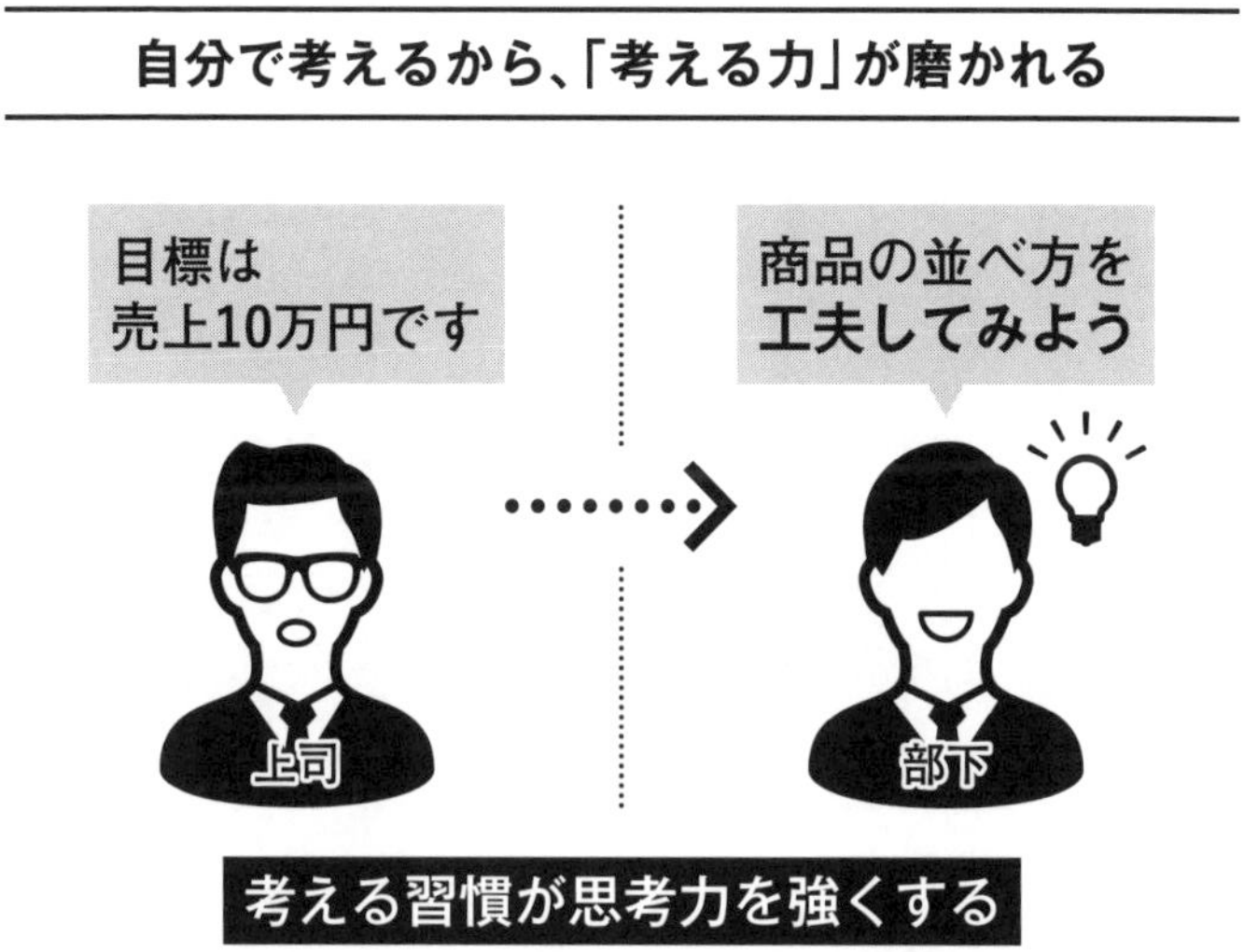
自分で考えるから、「考える力」が磨かれる
目標は
売上10万円です
商品の並べ方を
工夫してみよう
上司
部下
考える習慣が思考力を強くする

沈んでいくのみです。

実際に、かつて小売業界で売上日本一を誇ったダイエーも、１９９０年代以降は経営が傾き始めます。中内氏が経営を離れてからは急速に衰退し、ついにはイオンの子会社になるという末路を辿《たど》りました。

つまり、**部下が上司に従った結果、ダイエーは衰退した**のです。

部下は上司の指示で動くだけ。「考える」という行為をしなくても、ただ言われたことをやるだけで評価される。たとえ目の前の売上が下がっても、上司からの指示がなければ動かない。

ダイエーがうまくいかなくなったの

は、社員が考える仕組みが弱かったからではないか。そう言っても過言ではないでしょう。

では、ソフトバンクなら、社員はどう動くでしょうか。

仮に、ソフトバンクがスーパーマーケットを経営するとします。

孫社長が売り場を見て回り、キャベツや人参の並べ方にまで口出しするようなことは絶対にありません。店づくりや現場の回し方は、来店客や商品の動きを目の当たりにしている社員に任せるでしょう。

その代わり、日々の売上は店舗や売り場、商品ごとに厳しく管理され、**社員たちは自分に与えられた目標数字を達成するために必死に知恵を絞ります。**

「最近は1人暮らしの高齢者が増えたからか、キャベツは丸ごとより、カットしたものがよく出ているな。だったら、カットしたものを目立つ棚に置いてみよう」

「今日は急に気温が下がったから、総菜コーナーの冷たいサラダが売れていないな。だったら、温めて食べる煮物を増やそうか」

こうしたことを各売り場の担当者が徹底的に**「自分の頭で考える」**。現場にいる誰もが「自分がやったことは成功か、失敗か」を検証し、次はどうするかを考え、また実行する。そうやって、自分たちで成果に直結する仕事をします。

この日々の考える行動が一過性ではない、継続的な成長を実現し、ソフトバンクの社員を「考える人」へと変えていきます。

磨かれるスキル② 数字を使う力

「どうして君はこの数字が答えられないんだ！」

ある日の役員会議で、孫社長のカミナリが落ちました。

孫社長は会議で報告を聞きながら、少しでも気になることがあれば、担当役員に次々と鋭い質問を浴びせます。もし相手が答えに窮することがあれば、冒頭の怒りのひと言が飛んできます。

一般の会社なら、「後ほど部下に確認してご報告します」という返事でその場は許されるかもしれません。しかしソフトバンクでは、たとえ役員であっても、担当する現場のことは細かく数字で把握していなければいけないのです。

数字で語ることを求められるのは、役員だけではありません。一事が万事こんな具合ですから、**現場の社員にも細かい数字を説明する能力が求められます。**

ソフトバンクがこのように数字にこだわるのは、それが孫社長の信条だからです。私がソフトバンクにいた当時、組織ごとの売上や新規契約数などの業績は毎日グラフで出されていました。現在は日次どころか、リアルタイムで刻々と変化する数字をチェックできます。

会議では、それを見た孫社長から、社員たちに矢継ぎ早に質問が飛びます。

「今日の新規顧客獲得数はなぜ3000件なんだ？」

「これを5000件に増やすにはどうする？」

社員はこうした質問に対して、最新情報を常に把握し、目標より数字が良くても悪くても理由を分析し、次の一手まで含めて答えることが求められます。

これが、ソフトバンクの社員に与えられたミッションです。

この特殊な環境の中で、「②数字を使う力」が身に付きます。

毎日、数字と向き合うから、「数字力」が鍛えられる！

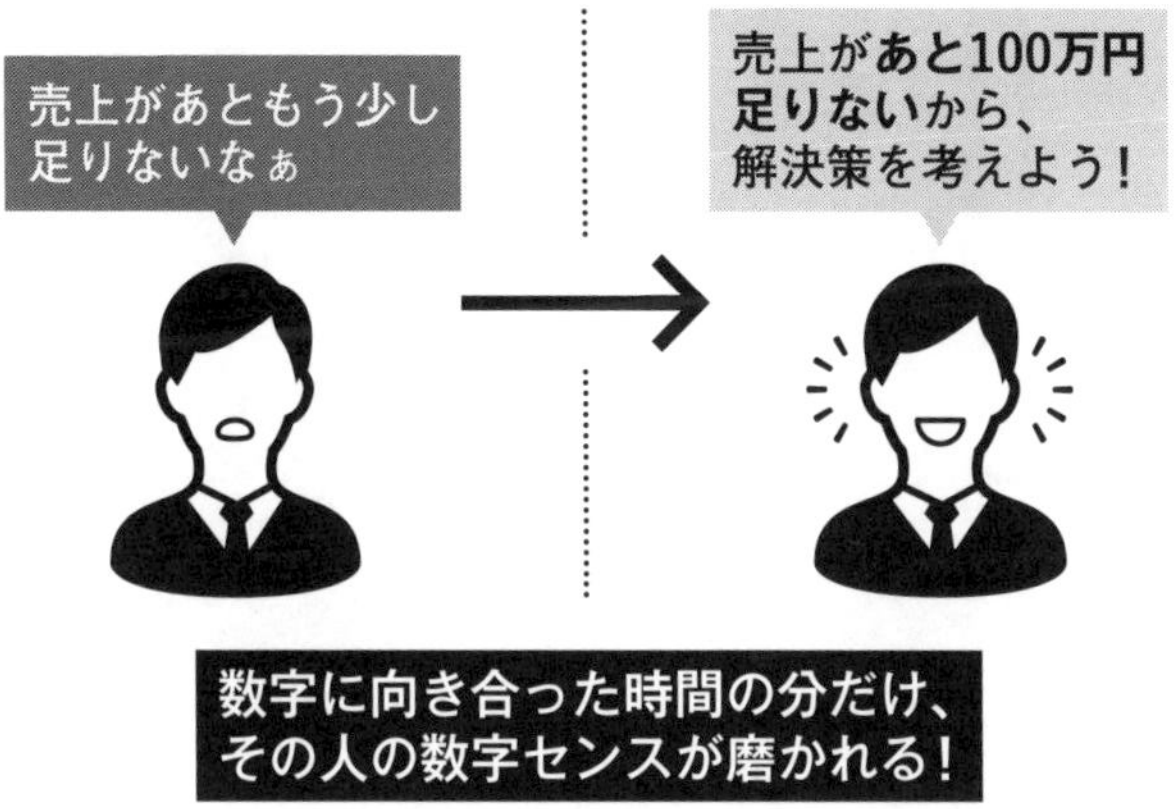

数字にこだわるのにはもちろん理由があります。人は物事を考えるとき、数字を使わないとつい曖昧な思考で発想してしまい、結果が中途半端になってしまいがちだからです。つまり、**人は数字がないと考えられない生き物**なのです。

だから、ソフトバンクではとことん数字で考えることを大切にしています。

「ソフトバンクの社員は優秀だから、そんな仕事ができるんだろう」

そう思う人もいるかもしれません。

もちろん最初から数字に強い人もいますが、それはほんの一部。**もともと**

は数字が苦手な人が大半です。特に文系出身の社員の場合、数字に弱いのは珍しいことではありません。

そんな人でも、**ソフトバンクで高速ＰＤＣＡを回して仕事をするうちに、自然と数字への感覚が鋭くなっていきます。**

「明日の売上を今日よりも10％増やすためにはどうすればいいか」

「来月までに、顧客獲得数を月平均で１００件増やすためには、どこを改善すべきか」

「お客さまからのクレームを、４週間後までに30％減らすにはどうすればいいか」

こうした数字と向き合う習慣があるから数字にも強くなるのです。

結局のところ、数字のセンスは持って生まれた才能ではなく、日常的に数字を意識しながら仕事をしているかどうかにかかっている、というのが私の経験です。

磨かれるスキル③ ムダがなくなる

「80：20の法則」を聞いたことはあるでしょうか。

「全体の大部分（80％）は、一部の要素（20％）によって決まる」というもので、別名「パレートの法則」としても知られます。もともとは経済学者が発見した法則で、現在ではビジネスの世界でも幅広く活用されています。

「売上の80％は、上位20％の商品によって生み出される」「従業員１００名の会社の売上の80％は、20名の社員によって生み出される」といった事例は有名です。

これを個人の仕事に当てはめると、「仕事の問題の80％は、仕事全体の20％のことが原因」となります。要するに、「仕事全体の20％がうまくいくようにすれば、全体の80％の問題が解決する」ということです。

実は、**高速ＰＤＣＡを回すと、自分の仕事にも「80：20の法則」が見えてきます。**

営業マンなら「自分の売上の80％は、20％のお客さまによって生み出されている」という法則が成り立つ可能性があります。

過去の結果を分析することで、「ここ3カ月の売上の80％は、ＩＴ業界とインバウンドの旅行業者によって生み出されている」と判明したら、その二つの業界に集中して営業をかければ、もっと効率よく売上を伸ばせるかもしれません。

仕事で高い成果を上げるためには、成果が上がらない仕事は後回しにして、確実に成果が上がることに集中するしかありません。

そのためには、常に自分の仕事を数字で検証し、仕事の優先順位付けをして、高い成果が上がるものから実行することです。


仕事をしている中で、こんなふうに思ったことはないでしょうか。

「今、何のためにこの仕事をしているんだっけ？」

こう思ってしまうのは、まさに今何のために仕事をしているかわかっていないからです。それは目的がはっきりしていないから、その仕事の意味合いがわかっていないから……といろいろな理由がありますが、根本的な原因は、仕事の優先順位がわかっていないことです。

優先順位がわかっていないということは、仕事にムダがあり、何をすれば仕事で成果が出るのかがわかっていない状態です。

ソフトバンクでは、数字で物事を管理するとお伝えしました。この**数字で管理する**

優先順位がわかるから、ムダがない

	営業時間	月間売上
印刷会社	50％	30万円
IT会社	50％	70万円
	合計	100万円

優先順位がわかると →

	営業時間	月間売上
印刷会社	20％	20万円
IT会社	80％	120万円
	合計	140万円

成果につながることを優先してすれば、
結果は必ずよくなる

ことで、ある仕事が目標達成にどう関係しているのかが見えてきます。

それがわかれば、その仕事を今やる必要があるのか、実はほかに成果に直結する仕事があるのではないか。この仕事のこの部分はムダかもしれない。そうしたことがわかってきます。

すると、仕事の「③ムダがなくなる」わけです。

一つひとつのプロセスを数字で管理していくことで、自分の仕事が「見える化」され、優先順位も見えてくる。成果に直結する行動を社員がとれば、**組織のムダがなくなり、成長スピードは当然速くなります。**

磨かれるスキル④ 高いモチベーション

社員のモチベーションは企業が成長する最大の原動力です。企業の成長は社員のモチベーションをいかに高めるか、ここに懸かっていると言っても差し支えないでしょう。

そしてソフトバンクの社員は、常に「④高いモチベーション」を維持しています。

なぜ、それが可能なのか。その答えの一つは「経営者の姿勢」にあります。

私は、経営者には二つのタイプがあると考えています。

トップの考えだけで会社を動かす「独裁型」のワンマン経営者と、社員一人ひとりが考えることを促す「ユニット型」の経営者です。

意外にも、孫社長は「ユニット型」経営者です。カリスマ的な経営者なので独裁型と思われがちですが、何もかもトップダウンで決定するわけではありません。

では、「独裁型」と「ユニット型」にはそれぞれどのようなメリット、デメリットが

自分で考えるから、モチベーションが高い

× **やらされ仕事は
モチベーションが下がる**

◎ **自分で工夫できる仕事は
モチベーションが高まる**

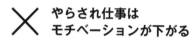

あるのでしょうか。

孫社長と同じように、カリスマと呼ばれた経営者は過去にも多数存在します。先ほどお話ししたダイエーの中内氏は、まさに独裁型経営の典型です。しかし、このやり方では結局社員のやる気は落ち込み、組織の元気も失われてしまいます。

なぜなら、**働いていて最もストレスが溜《た》まるのは、「人から言われたことをただやるだけ」という状態**だからです。

「この仕事は本当に意味があるんだろうか」と思いながら、上司に指示されるまま深夜まで残業することほど、つらくて虚しいものはありません。

一方、孫社長ならどうでしょうか。

ユニット型の経営は、一見すると社員の負担が大きいように思えるかもしれません。しかし、**社員一人ひとりが自分で考え、**「自分のアイデアが成功して、今日は昨日より2割も売上をアップできたぞ！」と**日々の成果を実感できれば、前向きに仕事に取り組めます。**

この孫社長の「経営者としての姿勢」と、孫社長からの高レベルの要求に応えるだけの仕組みを社員が持っていて、「自分の努力や工夫によって結果を出しているという実感を持てる」、この二つがあるから、ソフトバンクの社員のモチベーションは高いのです。

この**実感の積み重ねが会社全体のモチベーション、勢いになり、成長を後押し**してくれます。

磨かれるスキル⑤ 失敗を恐れない力

多くの人にとって、仕事をする際の最大の悩みは「失敗したらどうしよう」ということではないでしょうか。そのプレッシャーから、なかなか挑戦することができずにいる人はたくさんいるはずです。

でも、それでは成長できないし、結果もよくなりません。

ソフトバンクではこうしたことにならないように、「**失敗を前提に行動する**」ということをルール化しています。

他の企業では考えられないかもしれませんが、これが当たり前なのです。

そのおかげで、「⑤失敗を恐れない力」が身に付きます。

もちろん、ソフトバンクでも失敗は許されません。でも、失敗を失敗にしない仕組みがあるので、失敗しても許されるのです。

孫社長も、これまで常に成功し続けてきたわけではありません。チャレンジした結果、失敗したビジネスもたくさんあります。

ただし、その失敗は最初から織り込み済みなので、もともと「成功するかもしれないし、失敗するかもしれない」とわかったうえで実行しています。

だからたとえ失敗しても、それは「なるほど、このやり方ではダメなんだな」と確認する作業にすぎません。

つまり、**「失敗を失敗ではなく、学習のプロセスととらえる仕組み」**がソフトバンクにはあるのです。

失敗を確認したら、「だったら、こんなやり方はどうだろう」と改善策を考え、また実行すればいい。素早くたくさん失敗しながら次々にプロジェクトを実行していけば、必ずめざすゴールに到達できます。

失敗を許容するから、チャレンジできる！

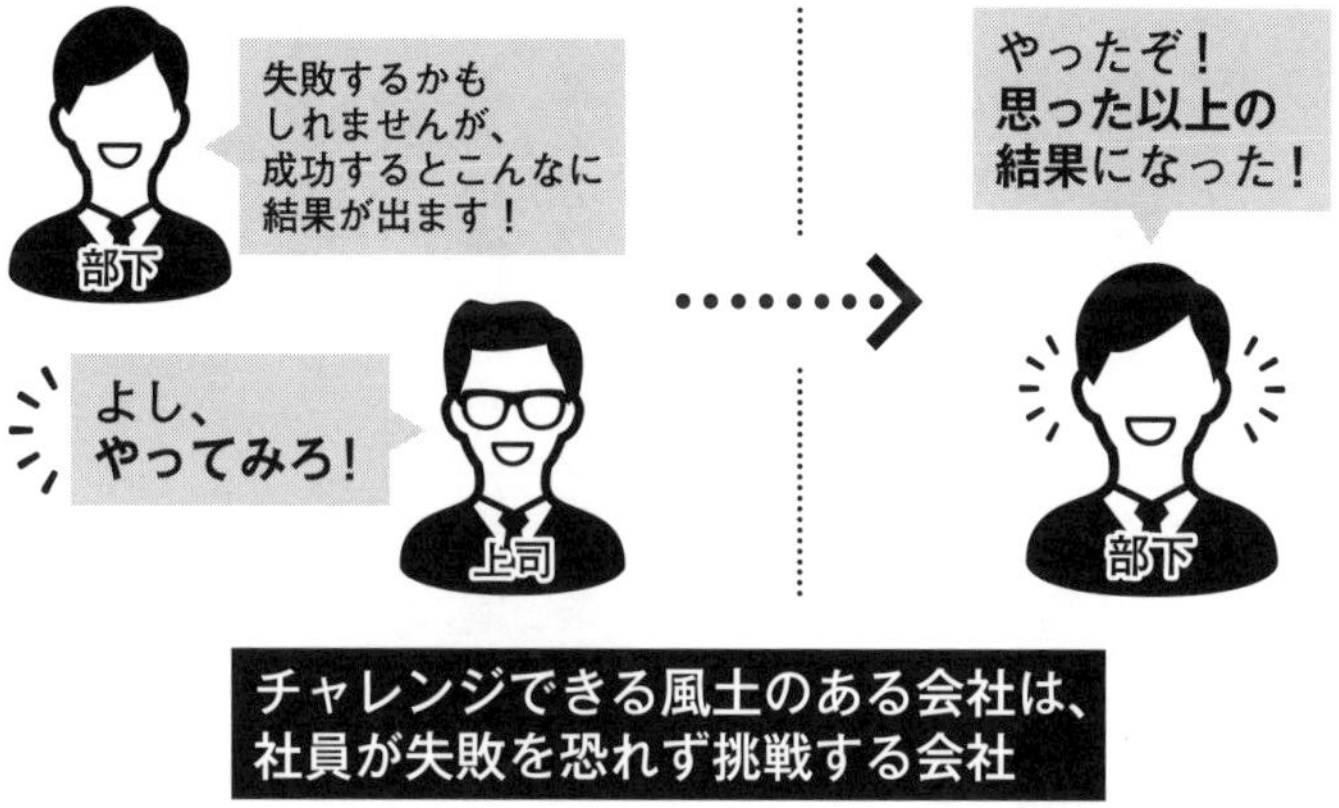
失敗するかも
しれませんが、
成功するとこんなに
結果が出ます！
部下
よし、
やってみろ！
上司
やったぞ！
思った以上の
結果になった！
部下
チャレンジできる風土のある会社は、
社員が失敗を恐れず挑戦する会社

失敗を許容することで、結果的には「絶対に失敗しないビジネス」が可能になる。

これが、ソフトバンクが勝ち続ける理由です。

失敗を「学習のプロセス」に変えるポイントは三つです。

①前もって失敗する可能性を上司に伝えておく
②失敗しても成功するプランを示す
③すべて同時に実行する

この三つを押さえれば、ソフトバンク以外の会社でも、失敗は学習のプロセスとして認識されます。

失敗が失敗になってしまうのは、成功するかどうかわからないことを、まるで絶対に成功するかのように伝えているからです。

次に何が起こるかわからない今の時代には、実際にやってみなければうまくいくかどうかわからないことだらけです。

だから、**事前に失敗の可能性を明らかにしたうえで、「失敗することで学びが増え、成功に近づけるのだ」という事実を関係者に理解してもらう必要がある**のです。

「失敗するかもしれないから、チャレンジしない」というのは、「私たちは成長するのを諦めました」と言っているようなもの。リスクをどれだけ許容できるかが、個人や企業が成長するためのカギなのです。

だったら、失敗することを前提に仕事を進めていくしかありません。

多くの人は失敗を恐れます。それは、失敗を失敗としか考えていないからです。でも、失敗を成功へのプロセスの一つと思えるようになれば、失敗は怖くなくなります。

このプロセスを何度か繰り返せば、いつしか失敗が失敗ではないということにも気づいてきます。

第1章

高速PDCAを動かす8ステップ

ここまで高速ＰＤＣＡで高い業績を上げることができる、その理由をお話ししてきました。ポイントは三つの仕組みと、社員の能力育成にありました。

この章では、高速ＰＤＣＡがどのような仕組みになっているのか、そして具体的にどのように回していけばいいのかをお話しします。

「高速ＰＤＣＡ」を動かす8ステップとは？

「ＰＤＣＡはどういう仕組みだっただろうか」

そういう人は案外多いのではないでしょうか。

実はきちんと回したことがない。でも、何となくＰＬＡＮ（計画）、ＤＯ（実行）、ＣＨＥＣＫ（検証）、ＡＣＴＩＯＮ（改善）のＰＤＣＡのサイクルに沿って仕事をしたという経験はある。ただ、詳しいことはわからない。

そんな人のためにも、まずはＰＤＣＡをおさらいします。まず、ＰＤＣＡがウィキペディアでどう紹介されているのかを見ましょう。

Ｐｌａｎ（計画）：従来の実績や将来の予測などをもとにして業務計画を作成する。

Ｄｏ（実行）：計画に沿って業務を行う。

Ｃｈｅｃｋ（評価）：業務の実施が計画に沿っているかどうかを評価する。

Ａｃｔ（改善）：実施が計画に沿っていない部分を調べて改善をする。

この4段階を順次行って1周したら、最後のＡｃｔを次のＰＤＣＡサイクルにつなげ、螺旋《らせん》を描くように1周ごとにサイクルを向上させて（スパイラルアップ、spiral up）、継続的に業務改善する。


では、実際にはどのように回るのでしょうか。

たとえば、売上に伸び悩むコンビニがあったとします。

このコンビニでは利用者にアンケートをとった結果、売上が伸び悩んでいる原因は商品の魅力不足にあることがわかりました。店長は、さっそく新商品を入荷することに決めましたが、どのような商品が受け入れられるのか、見当もつきません。

そこで、ＰＤＣＡサイクルで売れる新商品を探すことにしました。

①新商品の一覧から売れそうな商品を一つ選ぶ
②新商品の1カ月の販売目標を立てる（PLAN）
③選んだ商品を売り出す（DO）
④1カ月後、新商品の売れ行きを検証する（CHECK）
⑤売れなかった理由を分析し、より売れそうな新商品を売り出す（ACTION）
⑥②～⑤のプロセスを繰り返して、売れそうな新商品を探す

こうして売れそうな新商品にあたりをつけていく。すると、いつかはそのお店の売上を改善する新商品が見つかるはずです。これが通常のPDCAサイクルの基本です。

ソフトバンクでも、この基本の考え方を大切にしているのですが、**ある工夫をしてさらに速く確実にPDCAを回しています。**

どんなふうに実行しているかは、先ほどのコンビニの事例で説明していくとわかりやすいと思います。

①新商品の**「1カ月の販売目標」**を決める

普通のPDCA

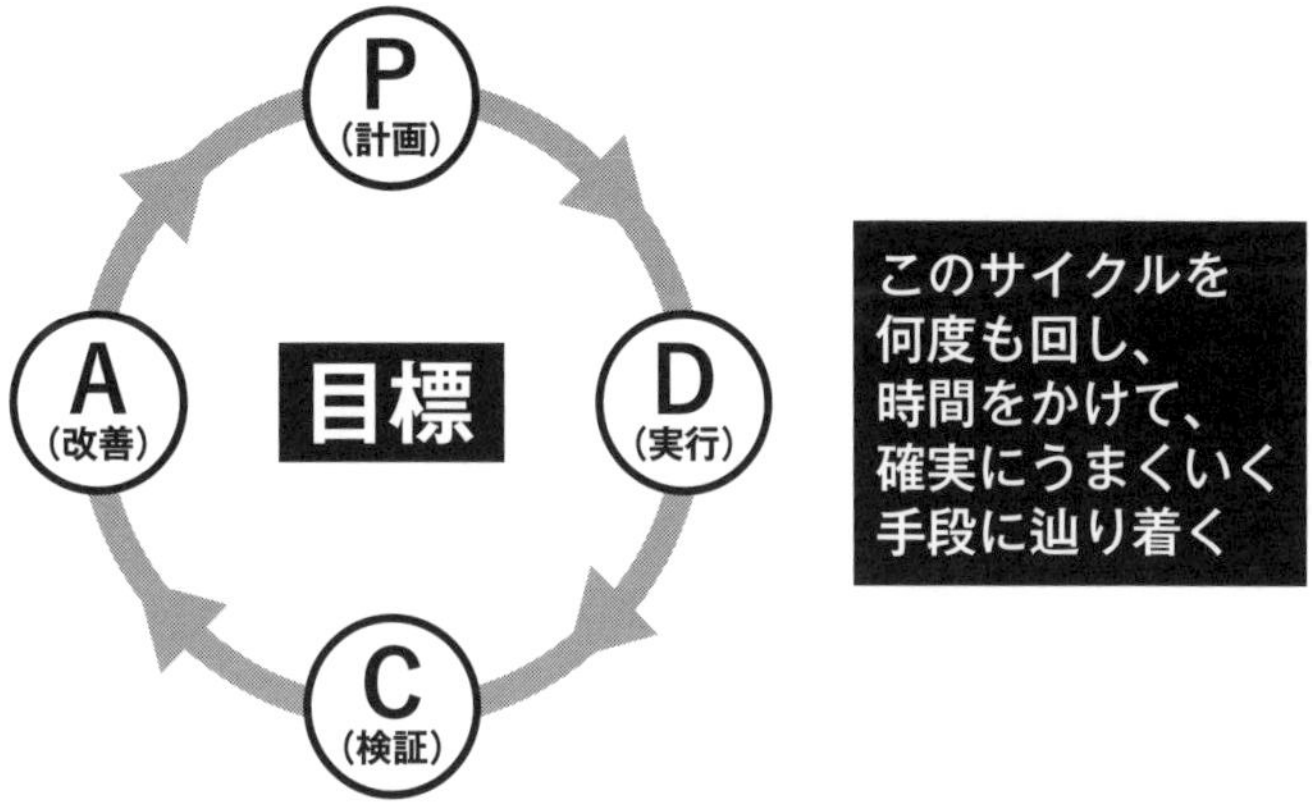
P
（計画）
D
（実行）
C
（検証）
A
（改善）
目標
このサイクルを
何度も回し、
時間をかけて、
確実にうまくいく
手段に辿り着く

②「1カ月の販売目標」から逆算して、**「1日の販売目標」**を立てる
③新商品のリストを作り、1カ月と1日ごとの販売計画を立てる（PLAN）
④リストに挙がった**すべての商品を同時に販売する**（DO）
⑤毎日、「1日の目標」を達成できたか検証する（CHECK）
⑥検証をもとに、商品の並べ方、見せ方などを**毎日改善する**（ACTION）
⑦1カ月後、どれが「1カ月の販売目標」を達成できる商品かを**数字で検証する**

⑧「1カ月の販売目標」を達成できる商品に**絞って販売する**

通常のPDCAとどこが違うでしょうか。
ポイントは次のところです。

- **「大きな目標」**（1カ月の販売目標）と**「小さな目標」**（1日の販売目標）がある
- 一つの商品を順番に試すのではなく、**複数の商品を一度に試す**
- 1カ月後に結果を検証するのではなく、**毎日結果を検証している**
- **一番すぐれた商品を絞り込み、そこに集中している**

人気になりそうな商品が、おにぎりなのか、アイスなのか、パンなのか、飲み物なのか。コンビニ利用者や周辺に住んでいる人の属性や行動パターンを詳細に調べ上げる余裕があるなら、ヒットしそうな商品の目星もつくかもしれません。しかし、それもあくまで予測であり、確実な答えとはいえません。

それなら、**最初からたった一つの正解を見つけようとするのではなく、ヒットしそ**

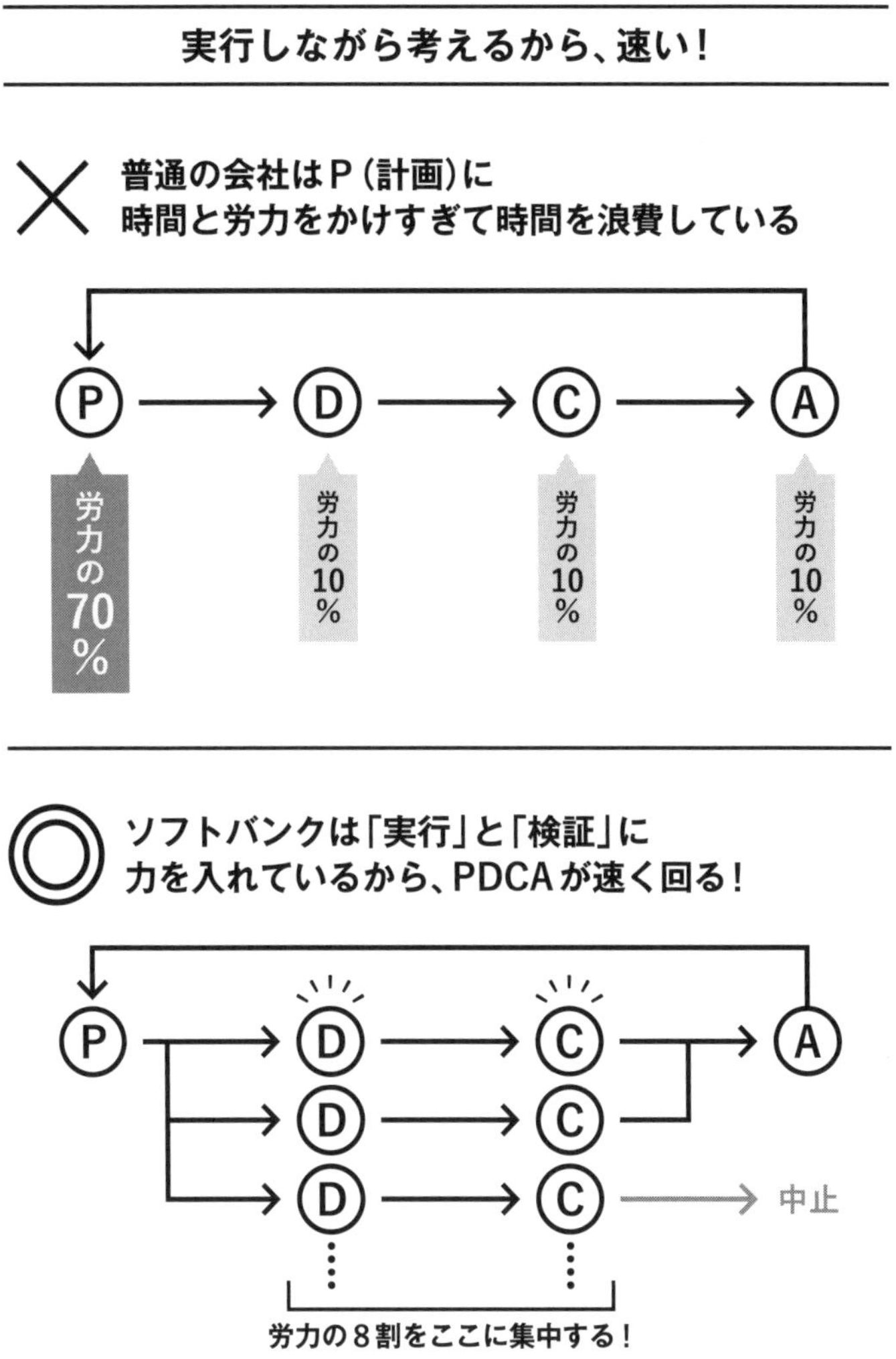
実行しながら考えるから、速い！
普通の会社はＰ（計画）に
時間と労力をかけすぎて時間を浪費している
P
D
C
A
労力の70％
労力の10％
労力の10％
労力の10％
ソフトバンクは「実行」と「検証」に
力を入れているから、PDCAが速く回る！
P
D
C
A
D
C
D
C
中止
労力の８割をここに集中する！

うな商品を同時にすべて並べてしまう。そうすることで、何が売れる商品かがおのずと明らかになります。**これが高速ＰＤＣＡです。**

この方法なら、ＰＤＣＡより速いスピードで、なおかつ正確に、どれが主力の商品になるかわかるわけです。仕事の仕組みの違いが、そのまま結果へと直結します。

高速ＰＤＣＡの流れを整理すると、次の八つのステップになります。

①大きな目標を立てる（週、月単位など）
②小さな目標を立てる（１日が原則）
③目標達成に有効な方法をリストアップする
④期間を決めて、すべての方法を同時に試していく
⑤毎日、目標と結果の違いを検証する
⑥検証をもとに、毎日改善する
⑦一番すぐれた方法を明らかにする
⑧一番すぐれた方法を磨き上げる

もしも新人営業マンが高速PDCAを使ったら

高速PDCAがどういう仕組みなのか、もう少しイメージがつくように、今度は営業の仕事で説明してみます。

まずは、次に紹介する新人営業マンが、なぜノルマを達成できなかったのかを考えてみてください。

あるコピー・FAXの複合機の営業代理店に入社した新人がいます。彼はそれまで営業経験が一切ありませんでしたが、入社翌日から営業を始めました。

上司から課されたノルマは、月5件の契約獲得。見込み客のリストを数枚渡され、上から順に電話をかけて、アポがとれた相手を訪問するように指示されました。上司からのアドバイスは、「とにかく頑張れ。何事も経験だ」のひと言だけです。

それから1カ月間、新人はひたすら電話をかけ続けましたが、電話がつながらなかったり、相手と話が続かずにすぐ切られてしまったりして、アポを2件とるのがやっとでした。それでも何とか契約をとろうと、アポがとれた2人を訪問したものの、結局1件も契約できずに終わりました。

この新人がノルマを達成できなかった理由は何だと思いますか？

「新人でまだ経験が浅いのだから仕方がない」

「教えられた通りにやってできないのは、彼の能力不足かも」

「上司の指導方法が悪かったからだ」

確かにそうした要因がないとは言いませんが、果たしてそれだけでしょうか。この新人が3カ月、6カ月と経験を積んでいけば、いつか月5件のノルマを達成できると思いますか？

私はできないと思います。

ソフトバンク的な視点から見ると、その原因ははっきりしていて、この新人がノルマを達成できない理由は次の三つに集約できます。

①何も考えずに電話をかけている
②毎日の結果を記録していない
③自分の仕事を数字で把握していない

要するに、序章で紹介した**「ソフトバンクの三原則」と真逆を行くような行動をしているわけです**。そして**多くの人が、現実にこうした働き方をしている。そのためになかなか成果を出せずにいる**のだと、私は気づきました。

これがもしソフトバンクの新人なら、どんなふうに仕事をするでしょうか。先ほどの8ステップに当てはめて考えてみます。

新人は「1カ月5件の契約をとる」を大きな目標に設定し（①）、その達成のために仮に「1日につき、10人の見込み客と3分以上話をする」という小さな目標（個人目標）を立てました（②）。

そして、小さな目標を達成するために、上司からもらった「見込み客リスト」（③）に片っ端から電話をかけることにしました（④）。リストの連絡先に電話をかけるたび、「何分話せたか」「どんな内容の話をしたか」などを細かく記録していきました。また、自己紹介の仕方を変えてみたり、さまざまなパターンの質問を投げかけたりして、思いつく限りのセールストークを試しました。

そして1日の終わりに、個人目標を達成できたか必ずチェックし（⑤）、明日はどうやって電話をすればいいかを考えました（⑥）。

1週間ほど経っても、まだアポはとれません。それでも記録をつけるうちに、電話をかけた相手の職業や年齢によって、電話のつながりやすさや会話時間が変わることに気づきました（⑦）。

そこで記録をもとに、2週目はつながりやすい属性の見込み客に集中して電話をかけました（⑧）。すると、3分以上話せた相手は目標の10人を超え、1週間で5件のアポがとれたのです。

3週目は、アポがとれた相手を訪問し、うち1人をショールームに案内して、自社製品を実際に試してもらうことになりました。そして4週目には、その相手と契約を交わし、初の契約をとることができました。

結果的に「5件の契約」というノルマは果たせませんでしたが、「1日に10人と、

3分以上話す」という目標を1週間にわたって毎日達成すれば、ひと月後に1件の契約はとれる見込みが立ちました。

そこで新人は「来月は1日につき、10人と3分以上話すことを毎日の目標にすれば、月間では毎週の積み重ねの累積の効果で契約もひと月に5件とれる」と考え、それを実行すると決めました。


この新人は来月以降、毎月のノルマを達成していくはずです。

なぜなら、**高速PDCAの手法で最もすぐれた方法を手に入れた**からです。

高いコストも能力もいらず、**許容できる範囲のリスクで実行できる営業手法を片っ端からすべて試し、**「1日に10人、3分以上話す」という**小さな成功を積み上げながら、**やがて「月に5件の契約を獲得する」という**最終ゴールへ辿り着く。**

こうして試行錯誤しながら、超スピードでPDCAを回していけば、たとえ経験のない新人でも確実に目標を達成できるのです。

「頑張ればできる」「やる気があれば乗り越えられる」といった根性論で成果が出ないのは、その人の責任ではありません。上司の教え方、考え方がよくなかったのです。

正しい方法は、自分が試した結果を記録し、「リストのうち誰に電話をかければ長く話せる確率が高いか」「どんなトークの内容なら相手が興味を示すか」といったことを毎日検証し、より良いやり方を考えることです。

「本当にこれだけで、ソフトバンクのようにハイスピードでいい結果が出るようになるのか」

そう疑っている人はまだいるでしょう。

ですが本当に、**ソフトバンクではこれとまったく同じ方法を、さまざまなプロジェクトで実践することで、日本のトップ企業に成長することができた**のです。

ソフトバンクは高速PDCAで急成長した

それでは、ソフトバンクではこの仕組みをどのように使っていたのでしょうか。

ソフトバンクは、創業からわずか三十数年で8兆円企業へと成長しました。

それを実現できたのは、**ソフトバンクが他の会社とは違う戦略を持っていたから**です。その戦略こそ高速ＰＤＣＡでした。

企業が大きくなるためのプロセスはいろいろありますが、日本で多いのは、こうした戦略ではないでしょうか。

「自社の置かれた市場における機会と脅威をとらえて、自社の強みと弱み、競合他社の強みと弱みの分析に基づいた企業の維持・発展をめざす」

たとえば、創業者が得意なことを事業として拡大していくパターンです。

典型的なのは、パナソニックです。松《まつ》下《した》幸《こう》之《の》助《すけ》という人が創業した会社ですが、最初は借家で作った小さな電球用ソケットからスタートしています。それを皮切りにランプ、ラジオ、テレビ……さまざまな家電を作ることで、現在の地位を築いてきました。

ほかにも、ソニー、トヨタ、ホンダ……と、今の日本を代表する大企業の多くがこうして成長しています。

１人のビジネスセンスに優れた技術者が、持ち前の技術を使ってこれまでになかった便利なものを作り、それを本業にしてビジネスを拡大していく。そして製造だけでなく、販売といったことにまで事業を広げていき組織を大きくしていく。

これがこれまでの日本企業の成長ストーリーだったと言っても過言ではないでしょう。

それに対して、ソフトバンクの場合は違います。

ソフトバンクには厳密な本業というのがありません。

孫社長の戦略はちょっと難しい言い方になりますが、「自社が優位性を獲得できる可能性のある新しい市場を探索・選択し、その優位性を確立するためのヒト・モノ・カネ・情報の経営資源を交渉によって短期間に調達し、一気にナンバーワンをめざす」というものです。

つまり、**新規事業をどんどんつくっていき、その事業を成長させることで企業規模を拡大していく**ということです。

実際に、ソフトバンクのグループ企業は実に多くの分野にわたっています。通信事業から携帯電話の流通事業、金融業、球団の運営、情報発信サイト、出版、発電事業、ゲーム事業、ロボット事業……と数え上げるときりがありません。

最初は孫社長が社長に就き、ある程度規模が拡大すれば部下に会社を任せ、次なる新規事業の育成へ切り替えます。

「将来、どの事業が成長しているのか」ということは誰にもわかりません。だから、**できるだけ多くの手段を考えて、それを実行する。そうすることで目標の実現可能性を最大化していった**のです。

ですから、普通の企業とは違って、ソフトバンクは成長の過程で多くのM&Aを行ってきました。


これこそまさに高速PDCAです。

つまり、今後伸びそうな事業は何かを分野を問わず探し、可能性があると思えば次々に投資していく。その中から伸びそうな事業に資源を集中し、急拡大させていく。最初に本命の事業はなく、成長したものが本業の一つになっていく。

Yahoo!やADSLをはじめとして、すべての事業はこの方法で発掘され、その中から生き残ってきた事業です。

このように、他の会社が、自社の本業で一生懸命になっている横で、**矢継ぎ早に主力の事業を立ち上げることで、ソフトバンクは急拡大してきました。**

私の事業が創業1年で黒字化できたワケ

私はソフトバンクを退職後、自分の会社を起こしました。ここでも高速PDCAの仕組みを使うことで、事業を軌道に乗せることに成功しています。

2015年5月に英語学習サービスの「トライズ」という事業を始めました。**まだスタートして1年ほどですが、すでに会員数は350人を超えています。**サービス開始時は、わずか3人のモニターしかいなかったことを考えると、我ながら驚くべき数字です。

受講希望者への無料カウンセリングも、最初は自社のこぢんまりとした一室で行っていましたが、現在は東京の六本木一丁目と新宿、田町三田、大阪の堂島の4カ所に学習センターを設けています。近日中に、都心の赤坂に5カ所目をオープンする予定です。

トライズは、従来の英会話スクールと比較すると、まさに常識外のサービスです。「1年で1000時間の英語学習により、使える英語が身に付く」。これがトライズの最大の特徴です。

私自身、まったく英語が話せない状態から、1年で1000時間の学習をこなして英語をマスターした経験があることから誕生した事業です。また、米国人が日本語を習得するには最低でも2200時間の学習が必要という学術的な裏付けからその逆も真なりという裏付けもありました。そこから、多くの人が学校教育で約1200時間の授業を受けていることから、大人であれば残り1000時間の勉強が必要だという根拠もありました。

ところが、このビジネスのプランを提案すると、社内外ともに反対が相次ぎました。「忙しいビジネスマンが、1年で1000時間も勉強するのは無理だろう」

それが多くの意見でした。

さらに、専属トレーナーがマンツーマンで受講者をサポートするというサービス内容にも疑問符がつきました。

一人ひとりにパーソナルトレーナーがつくようなものですから、そのぶん人件費がかかり、受講料は高くなります。「他の英会話スクールに比べて高すぎる」という声も相次ぎました。とはいえ、私には勝算がありました。

英語学習業界では常識外かもしれませんが、他業界ならすでに同じビジネスモデルが成功しています。

パーソナルトレーナーがついて、必ずダイエットを成功させると謳《うた》ったフィットネスジムが大ブームを巻き起こしたことは、皆さんもご存じの通りです。だから、「トレーニングが厳しくても、料金が高くても、必ず結果が出るならニーズはあるはずだ」という確信がありました。

ビジネスモデルだけでなく、「顧客1人当たりの獲得コスト」を設定する際も、このジムをお手本にしました。

ジムの運営会社の財務諸表を分析したり、フィットネス業界に詳しいコンサルタントに話を聞いたりして、業界の仕組みを徹底的に研究したのです。

その数値をもとに、「1人の受講者に入会してもらうまでに、いくらお金をかけていいか」の指標を決定できたので、目標を設定する段階で余計な手間や労力を費やすことなく、私たちのビジネスは一気にスタートダッシュを切ることができました。

事業の立ち上げにあたっては、あるインキュベーションの会社から出資を受けました。

そこで私が出資者に約束したのは、「**1年後の2016年6月には必ず単月黒字にします**」ということ。つまり、めざすゴールを設定したわけです。

ただし、こうも付け加えました。

「その代わり、**最初は高いコストをかけて、集客のためのプロモーションをすべて試します。**そのため一時的には顧客1人当たりの獲得コストが高くなりますが、**試した方法の中からいいものを選んで、1年後には目標値に収めます**」

その宣言通り、私はあらゆる集客方法を試しました。

WEB広告やFacebook広告はもちろん、タクシーに広告を出したり、チラシを配ったりもしました。

インターネット広告代理店は4社使いました。

代理店を複数使ったのは、運用能力に差があるからです。同じWEB広告でも、テキストの書き方やサイトへの誘導の仕方は代理店によって異なります。

会社の規模や売上が大きくても、誤発注やミスが多いこともあるし、同じ代理店の中でもスキルが低い担当者なら成果が出ないこともあります。

これればかりは、**やってみないとわからない**のです。

あるとき、新規の入会と無料カウンセリングの申し込みが、10日間ほどピタッと止まった時期がありました。

そこで原因を探ったところ、今月も前月もオーディエンスネットワークという手法の広告を出した期間に申し込みがゼロになっていたのです。

もちろん、すぐにその広告はストップをかけました。

代理店からは、「多数のターゲット層に安価で接触できる非常にコスト効率の高い広告です」と説明されていましたし、出稿後のインプレッション（広告が表示される回数）も好調でした。だから「たくさんの人に見てもらっているから、申し込み数も増

える だろう」と期待していたのですが、現実は逆だったわけです。

他の事業でなら、この広告が効果を発揮するケースもあるでしょう。

ただ、このビジネスにはマッチしなかったということ。世間一般で良いとされていても、自分の仕事で結果が出るとは限らないのだと改めて実感しました。

こうして**広告のチャネルごとに効果とコストを測定**しながら、私は**事業の改善**を続けました。

もちろん、プロセスごとの数値も管理しました。

顧客獲得までのフローをプロセスに分けると、「広告による集客」→「無料カウンセリング」→「入会」となります。

そこで、「無料カウンセリングに来た人のうち、入会するのは何%か」を割り出し、その数値の変動も確認しました。

もし先週は50%だったのに、今週は30%に下がったとしたら、何か原因があるはずです。

広告がターゲット層とずれていて、英語学習への意欲がそれほど高くない人まで無料カウンセリングに来ているのかもしれない。あるいは、無料カウンセリングを担当するスタッフのスキルが未熟で、お客さまが入会したいと思うようなプレゼンができなかったのかもしれない。

理由はいろいろと考えられます。

その場合は、広告の種類を見直したり、スタッフの研修を強化したりといった改善策を実行し、また数値の変化を確認します。

こうして**「高速ＰＤＣＡ」を回し続けた結果、１年後の今年６月には、約束通り黒字化を果たすことができました。**

顧客１人当たりの獲得コストも、１年前に比べて約40％も下げることに成功しました。これもあらゆる集客方法を試し、どれが「いちばんいい方法」なのかわかったからです。

ソフトバンク流の高速ＰＤＣＡを実践すれば、周囲が「無理だ」と反対するようなチャレンジでも、自分に経験のない仕事でも、確実に結果を出すことができる。

今回の経験を通して、私は改めてその効果を確信しています。

高速PDCAを実践する五つのコツ

高速PDCAが現場でどのように機能するのか、私の経験を通してお伝えしてきました。

次の章からのテーマは、高速PDCAを「日々の仕事で実践するコツ」についてです。

高速PDCAを実践するステップは先にお伝えした通りです。

①大きな目標を立てる（週、月単位など）
②小さな目標を立てる（1日が原則）
③目標達成に有効な方法をリストアップする
④期間を決めて、すべての方法を同時に試していく
⑤毎日、目標と結果の違いを検証する
⑥検証をもとに、毎日改善する

⑦一番すぐれた方法を明らかにする

⑧一番すぐれた方法を磨き上げる

この流れを五つの章に分けてお話ししていきます。

第2章「毎日の目標を設定する」

①②③についてです。そして、「実行」を素早く決断する方法です。目標を立てるのが苦手な人も多いと思います。それは、目標を立てるうえで、細かい事前調査をしているからではないでしょうか。でも、目標はもっと気軽に立てていいものです。そのコツを書きました。

第3章「同時にすべての手段を試す」

④⑤⑥についてです。高速PDCAでは、いかに多くの方法を試すことができるかが重要です。そのためにはアイデアを豊富に出すことが第一です。そして、それを上司や同僚を巻き込んで実行に移す。実行したことを記録し、検証し改善していく。こ

高速PDCAの８つのステップ

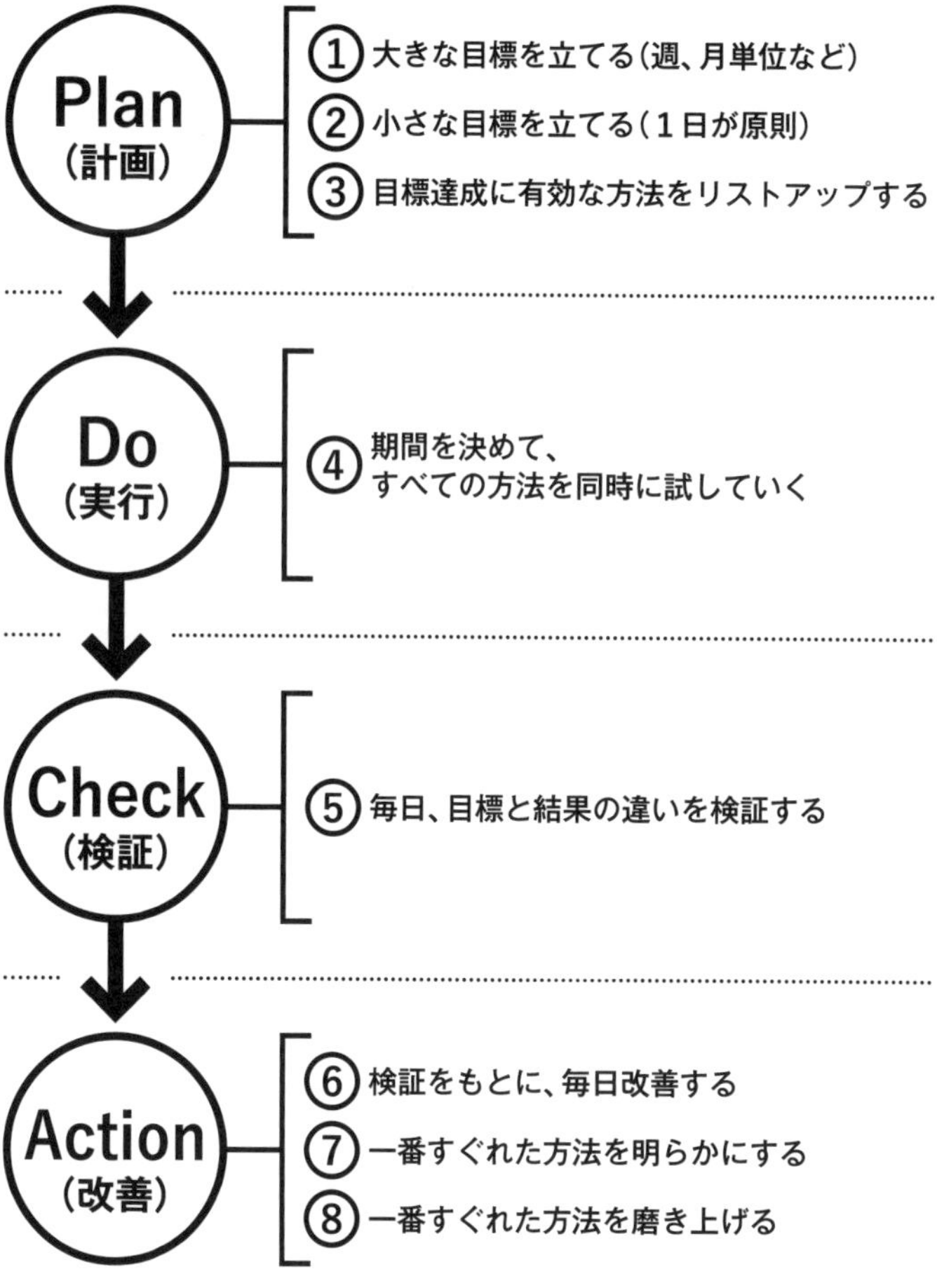

うしたことをうまく回すコツを書きました。

第4章「数字で厳密に検証する」

数字で物事を管理する方法についてです。いくらいい目標を立てて、それを使ってPDCAを回したとしても、それだけでPDCAはうまく回りません。正確な分析が必要です。そのためのワザを書きました。

第5章「いちばんいい方法だけを磨き上げる」

⑦⑧についてです。高速PDCAの最終目的は、最も確実に、最も高い成果を上げる方法を見つけ、それを実践し続けることです。最初は上司にやり方を咎《とが》められるかもしれません。また、市場環境が変化すれば通用しなくなる可能性もあります。そんな状況を乗り越えるコツを書きました。

第6章「人の力を借りる」

人から力を借りる方法についてです。人から力を借りたほうがいい結果になる。そう理解している人は多くても、実際に力を借りている人はあまりいません。それは人はなかなか力を貸してくれないと思い込んでいるからではないでしょうか。そうした思い込みを消して、物事をうまく回すコツを書きました。八つのプロセスとは直接関係ありませんが、仕事を進めるときに欠かせないことです。

できるだけわかりやすく、読んだあとに確実に実行できるように工夫しています。たとえば、具体的に発生する問題を提示し、それに対して「こんなときには、こう動くといい」という実践的な解決策を提案しています。

また、誰もが今すぐ真似できるようなノウハウに落とし込むよう注意しました。

ここで書いた方法を実践していただければ、必ず仕事のスピードと結果は変わる。そう断言しておきます。

第2章

月間、週間ではなく「毎日」の目標を設定する

高速PDCAの【P】

この章では、高速ＰＤＣＡの最初の三つのステップをうまく回すコツを説明します。

①大きな目標を立てる（週、月単位など）
②小さな目標を立てる（１日が原則）
③目標達成に有効な方法をリストアップする

この三つです。

ただし、その前に、孫社長が他の人と決定的に違う理由である「実行の速さ」についてお話しします。この決断の速さが、ソフトバンクのすべての動きへとつながっていて、そのことを語らないままでは、孫社長の仕事は真似できないからです。

ソフトバンクの「行動」はなぜ速いのか？

ソフトバンクが急成長を遂げたのはなぜか。

それには二つの理由があります。

①まず実行を決めている
②目標へのこだわりが強い

この二つがあるから、ソフトバンクは高い成長を続けられます。


普通の会社には、この二つの要素がありません。

たいていは、実行のハードルが異常に高く、目標へのこだわりが低いはずです。ですから、何か始めるとき、「それを実行する意味があるのか」「成功する可能性はあるのか」といった「やるか、やらないか」の議論から入ってしまいます。すると、人は必ずできない理由を探し始め、「あえてやらなくてもいいのでは」という結論になりがちです。

やっと「実行」が決まっても、今度は「目標をどこに設定するのか」の議論に時間をかけてしまう……。

これでは、いつまで経っても成果に辿り着けません。

一方、**ソフトバンクの場合は「実行ありき」**です。議論や分析の前に、まずは「やる！」と決めてしまいます。

しかも、**めざす目標はとてつもなくハードルが高い。**それがソフトバンクでは当たり前のことでした。

私がソフトバンクで働いていた頃も、孫社長がやると言い出すことは、社員全員が「99％無理」と思うものばかりでした。

実は私も、ADSL事業への参入が決まったときは大反対しました。どう計算しても、事業単体で利益が出るとは思えなかったからです。

ADSL事業を全国でこれほど大規模に展開することは、当時の常識ではとても考えられないことでした。なぜなら通信事業者にとって、ADSLは非常にやっかいなサービスだったからです。

使う場所や気象条件などの影響を受けやすく、通信速度が安定しにくいため、ユーザーから品質へのクレームが来ることは容易に想像できました。また、NTTの回線を借りてサービスを提供するため、全国を網羅するネットワークをつくり上げるにはＮＴＴとの交渉を含めた膨大な手間と設備投資が必要となります。

つまり、「ＡＤＳＬ事業をやるか、やらないか」の議論を始めれば、「サービスの品質が安定しない」「クレームが来たら対応しきれない」「コストがかかりすぎる」など、いくらでもできない理由を挙げることができました。

では、無理を承知でＡＤＳＬ事業に参入した結果はどうだったか。

サービス開始を発表した3カ月間で、１００万人の予約申し込みが殺到。２００５年末には、「Ｙａｈｏｏ！ＢＢ」の顧客は５００万人を突破しました。

この大成功を見た他社も続々とＡＤＳＬ事業に参入し、日本は世界有数のブロードバンド大国へと成長を遂げました。わずか数年で、ＡＤＳＬは通信業界のメインストリームにのし上がったのです。

孫社長が**常識外の行動をとったことで、業界の常識そのものが変わってしまいました。**

ちなみに、懸念材料とされていた通信速度については、さほど大きな問題にはなりませんでした。

ユーザーにしてみれば時々速度が落ちることはあっても、「それまで使っていたISDNよりは断然速くなったんだから、これでいいよね」とメリットを実感できたのでしょう。

「ADSLとはこういうもの」という認識が広まれば、それが新たな常識になります。

通信業界における過去の経験則にとらわれて、「やるか、やらないか」の議論を続けていたら、こんな未来は永遠にやってこなかったかもしれません。

このように、ソフトバンクがADSL事業で大きな成果を上げられたのは、**特別に品質が高いサービスを提供したからではありません。他の人がやりたくないことを、誰よりも先駆けてやっただけ**です。

孫社長があるとき、事業成功の秘訣《ひけつ》としてこう言ったのを今でもよく覚えています。

「人がやりたがらない商売ほど、儲《もう》かるんだぞ！」

他の人が「やらない」という答えを選択するような仕事やプロジェクトほど、実行すれば大きな成功につながる。だから、「まず実行する」ということが大切なのです。

先に「実行」を決めるから、スピードが違う!

×　普通の会社は「実行のハードル」が高すぎて、何をするにも時間がかかる

A案について
○○○
☆☆☆
□□□
△△△
今日もなかなか決まらないなぁ……

◎　ソフトバンクは「実行」から決めるので、素早く行動できる

Aをやるぞ!
はい!
上司
部下
A案を実現するには、こんなことをしてはどうだろう?
部下

「実行」と合わせて目標を決める

実行の決断と同時に孫社長はあることを決めます。それは高速ＰＤＣＡの「大きな目標」にあたる最終目標です。ソフトバンクでは「ゴール」と呼んでいました。

ＡＤＳＬ事業で言えば、こうなります。

「ＡＤＳＬ事業に参入して、まずは1年で１００万人の顧客を獲得するぞ！」

そのために、まずモデムを１００万台発注しました。もはや発注してしまったのですから、不退転の決意です。これがゴールです。

「Ｐｌａｎ（計画）」ではなく、**「目標＋実行」**からソフトバンクではすべてが始まるのです。

こうして最初にゴールを設定し、実行すると決めれば、「では、資金はどうやって調達するか」「人はどれくらい集めるか」などを考えざるを得なくなります。

人はプレッシャーがかかった状態で考えると、思考が倍速化します。

つまり、めざすゴールが決まっていると、どんなに不利な状況であっても、そこから逆算して「いつまでに何をやるべきか」を具体的に考えるようになるのです。

仕事の締め切りが迫ってきて、プレッシャーはピークに到達。**ない知恵を何とか絞り出し、無理やりにでも計画を動かす。そんな経験は誰もがあると思います。**

この仕組みがあるから、ソフトバンクは新しいことにも積極的にチャレンジできるのです。

「ソフトバンクは資金も人も潤沢だから、無茶な目標でも何とかできるんじゃないの?」

そう思う人もいるかもしれませんが、大きな誤解です。

今でこそ大企業のソフトバンクですが、私がいた2001年当時はまだ「知る人ぞ知るITベンチャー」という存在でした。

「Yahoo!BB」事業を立ち上げたときも、孫社長以外のメンバーは私を含めて3人だけ。与えられた場所も、雑居ビルの小さな一室でした。

サービス開始を宣言したあとはさすがに規模が拡大しましたが、各グループ会社から人手を募っただけでは到底足りず、顧客対応の窓口となるコールセンターでは、業務経験がまったくないフリーターや学生アルバイトまでかき集めたほどです。

もし最初に人員計画を立てていたら、「これだけのリソースで、ユーザー100万人規模のビジネスをやるのは不可能だ」と誰もが結論づけたでしょう。

しかし、孫社長が常識外のゴールを設定したことで、社員たちの思考からも常識の枠が外れ、思いがけないアイデアや工夫が生まれました。

そして、ADSL事業参入からわずか3年後、ソフトバンクは固定電話事業者の日本テレコムを買収。その2年後には携帯電話事業者のボーダフォンを買収し、通信事業会社として急拡大します。

明確な「ゴール」の設定と実行の決断が、常識では考えられない結果へとつながったのです。

繰り返しになりますが、もし実行が決まっていなかったら、今のソフトバンクはありませんでした。

それができたのはソフトバンクでは、誰もが「達成できない目標はない」と知っているからです。だから、最初から「目標＋実行」を決断できるのです。

何もない人こそ「実行から始める」が強みになる

「私は社長でもなければ管理職でもない、ましてや孫社長のようなカリスマでもないのに、同じことはできませんよ」

孫社長の話をしていると、よくこう反論されます。

しかし、最初から人もお金も情報も豊富な状態でスタートできる仕事など、今の日本にはほとんどありません。

中小企業やベンチャー企業はもちろん、大手企業の中で新しいビジネスや事業を始めるときも、そう大差はないのではないでしょうか。

その会社にとって前例のないことをやるのですから、経験や技術を持つ人もいないし、情報もない。

資金だって最初から十分に与えられるケースのほうが少ないはずです。

たとえば多くの企業では、事業戦略を立てるときに「SWOT分析」というフレームワークをよく使いますが、その結果わかるのは、ほとんどの場合が「うちには強みや機会は何もない」ということだけです。

人もお金も情報もない状態で分析するのだから、それも当然でしょう。

ちなみにSWOT分析とは、自社を取り巻く環境を「強み（Strength）」「弱み（Weakness）」「機会（Opportunity）」「脅威（Threat）」の四つの要因から分析する手法です。

強みも機会もないのであれば、どんな事業も「やらないほうがいい」という結論になってしまいます。今の時代にそんな分析をすること自体、ほとんど意味がありません。

それなら、**何もないことを前提にして、「どうすれば必要なものを調達できるか」を考えるべきです。**

ソフトバンクでは、「世の中にあるものを集めれば、自分たちが使える資源は無限大にある」と考えます。これぞ逆転の発想でしょう。

「何もないこと」を嘆くのではなく、「何もないこと」を強みにするにはどうすればいいかを考える。

そうすれば、必ず事業を成功させる糸口が見えてきます。

「自分はまだ経験が浅いから」

「うちの会社は競合に比べて知名度が低いから」

こうした言い訳を探しては、「だからやらない」という結論になってしまうのは、非常にもったいないことです。

それではいつまで経っても、成長のチャンスを摑《つか》むことができません。

まずは思いきって高いゴールを設定し、「やる!」と決めてしまう。

そこからスタートすれば、「経験の少ない自分が結果を出すにはどうすればいいか」「知名度の低い自社が競合に勝つにはどうすればいいか」という方向へ思考が走り出します。

実は、やることを前提に考えれば、自分にないものを他から調達するアイデアはいくらでも出てきます。

大きな目標は「ナンバーワン」を基準に決める

さて、高速ＰＤＣＡを実行する「決断」はついたでしょうか。

次は、「大きな目標」の設定方法についてです。


目標設定が苦手な人は多いと思います。

「どれくらいの数値なら、成功といえるのか」

「業界で生き抜くには、最低でもどのラインをクリアすべきか」

そんな議論がプロジェクト内で交わされるのが常です。

でも実は、こうした細かいことを考えるのは、あまり意味がありません。

目標設定で考えるべきことは一つ。

「ナンバーワンになるためには、どうすればいいか」

ただそれだけです。ちなみに、会社から与えられた目標があるなら、まずはその達成をめざしてください。

孫社長もソフトバンクを創業して以来、常に「ナンバーワンになること」をゴール設定にしてきました。

ナンバーワンとはたとえば、会社であれば、その業界で売上が一番多い会社であったり、成長が速い会社であったり、とにかく一番の業績を上げている会社です。

営業マンであれば、営業部で一番成果を上げている対象がナンバーワンです。

ナンバーワンの営業マンが月に30件の契約をとるなら、それより多い50件の契約をとることを目標にする。

「50件!」と驚いたかもしれません。ですが、**圧倒的なナンバーワンをめざすことでしか得られないものがある**のです。ちなみに、100件でも構いませんが、あまり目標が高すぎると難しくなるだけですから、少し高いけど、今のナンバーワンよりも確実に高い数値に設定するのがベストです。

また、**目標は必ず数字で設定してください。**「Aさんより多くの契約件数をめざす」「N社よりも高い売上をめざす」といった目標では、目標値が動いてしまったり、目標への認識が弱くなったりしてよくありません。

もう一つ、**「いつまでに」という期限も必ず設けてください。**すべての方法を試すわけですから、それをずっと続けていくのは体力的に不可能です。ですから、1カ月なのか、3カ月なのか、1年なのか、持っているリソースからどのくらいの期間なら試せるかということから割り出してください。

その期間で「いちばんいい方法」を見つけたら、あとはそれを磨き上げるだけです。そのための方法は、第5章でお話しします。

孫社長がナンバーワンにこだわるのには、三つの理由があります。

①人が集まってくる
②情報が集まってくる
③お金が集まってくる

ナンバーワンを基準に「大きな目標」を立てる

ナンバーワンの基準		大きな目標
営業のナンバーワン 月30件の契約	……>	月50件の契約
業界ナンバーワン企業 顧客数30万人	……>	顧客数100万人
世界ナンバーワン企業 時価総額69兆円	……>	時価総額100兆円

たとえば、「Ｙａｈｏｏ！ＢＢ」事業を立ち上げたとき、メンバーは孫社長と私を含めて、たった4人だったと話しましたが、ナンバーワンをめざしたおかげで、すぐに「人・情報・お金」が集まってきました。

孫社長が突然「ＡＤＳＬ事業に参入して、１００万件の申し込みを受け付ける」と宣言したことで、通信業界の経験や知識を持つ人たちが次々に集まりました。しかも「従来の通信業界ではできなかった新しいことにチャレンジしたい」という高い志を持った人たちが、まだ小さなベンチャーだったソフトバンクに来てくれたのです。

証券取引所の「ナスダック・ジャパン」を創設したときも同じです。

プロジェクトが動き出したとき、社内には金融や証券市場に詳しい人間はほとんどいませんでした。実質的な責任者を任されたのは私ですが、やはりまったくの門外漢です。

それでも孫社長は、何のためらいもなく、「メディアを呼んで、大々的に設立総会をやるぞ！」とひと言。

私は全国のベンチャー企業家たちを２０００人集めるミッションを任され、何のつても縁もない会社にまで出席依頼のＦＡＸを送りまくり、何とか設立総会当日に間に合わせました。

おかげでその様子はテレビや雑誌で大きく取り上げられ、証券市場に詳しいプロたちが孫社長のもとに集まってきました。

中には、アメリカのナスダックで働いた経験がある人もいて、リアルに役立つ情報やノウハウを提供してくれたので、プロジェクトは実現に向けて急速に進み始めました。

これらの例を見てもわかる通り、ナンバーワンになることには、単に「ランキングで1位になる」という達成感以上の大きな価値があります。

だから孫社長がめざすゴールは、常に「ナンバーワン」なのです。

大きな目標を設定をするときは、「ナンバーワンは何か」と考えるところから始めてください。

小さな目標は「毎日できること」で定義する

大きな目標が決まったら、次は小さな目標を決める番です。

小さな目標には明確なルールがあります。

①毎日できる
②具体的なアクションである

なぜ「毎日できる」をルールにしているのか。

一般的な会社では、個人の「目標」といえば、月間もしくは週間で設定されることが多いのではないでしょうか。

営業なら毎月のノルマが決められ、月末になって初めて「今月の目標を達成できたかどうか」を本人も会社も把握する。

そんな仕事のやり方をしているケースがほとんどだと思います。

しかし、ＰＤＣＡを回すサイクルが月間や週間では、あまりに遅すぎる、というのが私の所感です。

これでは、週や月の終わりになるまで、自分の勝ち負けを知ることができません。

「負けた」と自覚できなければ、悪かった点を改善することも難しい。

仮に月の終わりに負けを自覚しても、過去1カ月のことをまとめて振り返るのは、記憶も曖昧になっていますから容易ではありません。細かいことはすっかり忘れてしまい、重要な改善点を見逃すことになります。

自分の失敗にできるだけ早く気づき、大きな痛手にならないうちに、こまめに改善を繰り返す。それが高速ＰＤＣＡの重要なポイントです。

そのためにも、毎日の結果を確かめる必要があります。

では、「毎日できること」はどうやって見つければいいのか。

ポイントは、「プロセス」に分けることです。

ちょうどいい実例があるので、それをもとに説明します。

あるとき、私のもとに、不動産会社で営業をしている山田君（仮名）が深刻な表情で相談に来ました。私の大学のゼミの後輩で、この仕事を始めて数カ月が経った若者です。

「法人向けオフィスの賃貸物件を担当しているが、なかなか契約がとれない」

それが彼の悩みでした。聞けば、会社からは「毎月3件の契約をとる」という目標を与えられていると言います。

そこで私は、まず山田君が契約をとるまでの手順をまとめました。

①見込み客リストの会社に電話する

②不動産管理の担当者と話し、アポイントをとる

③アポイントがとれた会社を訪問する

④担当者を物件に案内して内見させる
⑤契約を結ぶ

これが彼の仕事のフローであり、大きく分けて五つの「プロセス」に分けられます。

彼の目標は「月に契約を3件とる」というもので、これは大きな目標に当たります。

そこで私は五つのプロセスの中から、**「②不動産管理の担当者と話し、アポイントをとる」というプロセスに着目しました。**

なぜここに着目したかというと、担当者とのアポイントがとれないことには仕事が大きな目標に向かって前進しないからです。逆に、ここの流れがよくなれば物事がスムーズに進むきっかけになります。

実際に、山田君はそもそもアポイントをとるのが苦手だったようです。


毎日実行できることが決まったら、今度はその**「品質」を定義**します。

私はこうアドバイスしました。

「電話をかけた先で担当者が出たら、10分は話すようにしなさい。そして、1日に3

小さな目標は「毎日できること」を立てる

	×ダメな例		◎いい例
営業	商品を試用してもらう	→	1日3件電話でアポをとる
アパレル	イベントで客を集める	→	1日5人以上の客と会話する
勉強	問題集を1冊やりきる	→	毎日3時間勉強する

人と10分以上話すことを毎日の目標にしよう。そしてこれは毎日18時で区切りなさい」

つまり「1日3人、10分以上」が、山田君がめざすべき仕事の「品質」になります。

ここでのポイントは、目標を**「誰でもできる具体的な基準のあるアクション」**に落とし込むことです。

たとえば、「営業トークのスキルを上げろ」と言われても、具体的な基準がないので何をどうすればスキルが上がったことになるのかわかりません。そのときに、「1日に3人、10分以上話せ」と言えば子供でも理解できます。

このとき、「毎日18時までに3人と話す」のか、「毎日20時までに3人と話す」のか、**締め切りを決めておくこと**が大切です。終了時刻があやふやになると、比べることができなくなるからです。

こうして目標を定義することで、毎日の目標値をより具体的なアクションに落とし込みやすくなります。

毎日の目標を定義する流れを整理すると、こうなります。

①仕事をプロセスに分ける
②「大きな目標へつながる毎日の行動」を見つける
③目標を達成する「具体的なアクション」を設定する

最初の目標は「仮置き」でいい

ところで、私が決めた「3人」「10分」という数値に根拠はありません。

いくら電話をかけても、相手にすぐ切られてしまったらアポイントにはつながりません。少しでも長く話を続ける中で、相手のニーズを聞き出し、こちらが相手にとって有益な情報を持っていることが伝わって、初めて担当者も「だったら一度、会ってみようか」と思うものだろう。

こんな**仮説をもとに、とりあえず設定しただけ**です。

でも、最初はそれで構いません。何事もやってみないとわからないのですから、「どんな数値設定が正しいか」という分析に時間をかけるのは無意味です。

実行してみて、この中間目標では「月に3件の契約」という最終ゴールを達成できないなら、毎日の数値目標も改善していけばいいだけです。

10分話せれば品質基準に合格、10分話せなければ不良品。

このように、どんな業務でも品質を定義し、良し悪しを区別することは可能です。

ただし、ものづくりと大きく異なるのは、その定義が正しいとは限らないことです。

自動車なら、燃費や耐久性、シートベルトの強度やエアバッグの安全性に至るまで、品質の基準が国や業界によってこと細かに定められています。

しかし、新しい価値やサービスを生み出す仕事をする場合、自動車のような絶対的な指標は存在しません。それを知る方法は、実行だけです。

とりあえず仮説で構わないので、品質の定義を決め、実行して結果を検証する。うまくいけばそれを続け、失敗したら品質の定義と毎日の目標値を見直す。

そうやって、人より早く、たくさん失敗することで、素早く軌道修正できる。だから結果的に、誰よりも速くゴールを達成できるのです。

山田君がもし10分を目標に話しても3件の契約に結びつかなければ、品質の定義と毎日の目標を変えなくてはいけません。

たとえば、1人当たりの話す時間を15分に延ばしてみる。または、話す時間は10分のまま、1日の目標人数を5人に増やしてみる。

こうして毎日、中間目標の設定も検証と改善を繰り返す必要があります。

あるいは検証の結果、電話をかけるというプロセスそのものを見直す必要が出てくるかもしれません。

「不動産管理の担当者は他の業務と兼務している人が多く、電話をかけても担当者が忙しくてつないでもらえない」

そんな結果になれば、「最初にＦＡＸで物件紹介の資料を送り、担当者に渡してもらってから電話をかけたほうが、こちらの話に興味を持ってもらえるかもしれない」といった改善策も出てくるでしょう。

その場合は、「電話をかける」の前に「ＦＡＸを送る」というプロセスが加わります。そして「1日に20件、ＦＡＸを送る」といった新たな目標値を設定し、実行してみればいいわけです。

プロセス分けも品質の定義も、最初から完璧である必要はありません。

何より重要なのは、**「毎日の勝ち負けの基準」を決める**ことです。

これが決まっていることで、自分が今何をやっているかが見えてきます。

「勝ち負けの基準」が決まれば、仕事はゲームになる

毎日の勝ち負けを知るメリットには、「**モチベーションの向上**」もあります。

たとえば「毎月500万円」という売上目標を課せられた営業マンがいたとします。月末に近づけば、今月の目標を達成できそうかどうかが何となく見えてきますが、月の半ばくらいまでは手探り状態が続きます。

あちこち電話をかけまくってアポをとり、どれだけ客先を飛び回っても、今日の自分が目標達成に近づいているのか、そうでないのかわからない。自分の努力が足りているのかいないのか、努力の方向性が合っているかどうかもわからない。つまり、今の勝ち負けがわからないのです。

しかも、今日の結果がはっきりしなければ、「今日はアポがとれなかったけど、明日から頑張ればいいや」とやるべきことを先送りにしがちになります。

それを繰り返すうちに、月末が近づいてきて、「しまった、全然数字が足りそうにない」と気づくのですが、もはや手遅れ。

結局、今月の目標を達成できずに終わるという最悪の結果が待っています。

人間は、「月間の目標」だけでは頑張れないのです。

毎日の勝ち負けがわかれば、本人のモチベーションも大きく変化します。

最大のメリットは、**仕事を「ゲーム化」できること**です。

目標をクリアし、「今日は勝ちだ！」とわかれば、「よくやった」と自分を褒めてやれます。気分もすっきりし、夜もぐっすり眠れて、また次の日も頑張れるでしょう。

たとえ「今日は負けだった……」とわかっても、「だったら、明日は違うやり方でお客さんにアタックしてみよう」などと改善策を具体的に考えられるはずです。

やるべきことがはっきりすれば、人間はまた頑張ろうという気になるもの。

一番よくないのは、「本当に今月のノルマを達成できるのだろうか」といったモヤモヤを抱えながら仕事をすることです。

ちなみに孫社長は、1日の終わりにこう宣言するのが日課でした。

「よし、これで見えたぞ！」

ソフトバンクでは、早朝から深夜まで10件以上の会議が続くことも珍しくありませんでした。その最後にいつも放つこのひと言は、解決策が見えてきたという意味で言っているらしいのですが、これも孫社長なりの「今日の俺は勝ったぞ！」という宣言だったのでしょう。

今日の自分はやるべきことを全部やった。それを言葉にすることで1日のけじめをつけて、また明日から頑張るための習慣だったのだと思います。
その証拠に、連日のように深夜まで会議が続いても、孫社長は翌日になるとスッキリした表情で出社し、早朝からパワー全開で仕事をしていました。

毎日の勝ち負けを知る。
それはあなたが思う以上に大きな変化を与えてくれるはずです。

週に1度、月に1度しか、自分の勝ち負けを意識しない人たちと比べれば、その差は歴然です。

第3章

一つひとつではなく、「同時にすべての手段」を試す

高速PDCAの［D］

前章では小さな目標の決め方をお伝えしてきました。
この章ではそれをどう実行していくのかをお話ししていきます。

④期間を決めて、すべての方法を同時に試していく
⑤毎日、目標と結果の違いを検証する
⑥検証をもとに、毎日改善する

この三つについてです。

「最適解」を手に入れる最も確実な方法

孫社長の「すべてのことを試す」におけるスタンスは徹底しています。

普通は成功する可能性がありそうなこと、これまでの業界の流れから勝算が判断できることを試して、とても成功しそうにないこと、業界の常識から考えてやってもダ

メそうなことは試さないと思います。

ところが、**孫社長は、業界の非常識であっても、可能性がなさそうに思えても関係なしで、目の前のすべての方法を必ず試します。**

ソフトバンクが「Ｙａｈｏｏ！ＢＢ」のサービスを開始した当初のこと。

代理店の販売員たちを集めた孫社長は、こう言い放ちました。

「目が合ったら渡せ！」

何のことやら意味がわからず、その場にいた全員がポカンとしました。

しかし孫社長は真剣そのもの。赤い紙袋を片手に、身振り手振りを交えて、「こうやって渡すんだぞ」と熱のこもったレクチャーが続きました。

街頭でモデムを配る手法は、社内で「パラソル」と呼ばれていました。

商店街やショッピングモール、駅前などの一画にある3坪程度の空きスペースを借り、パラソルを立てて簡易的な販売所を作り、その近辺でどんどんモデムを配る。

だから「パラソル」というわけです。

今でこそ、他の通信事業会社も同じような販促を行っていますが、当時としては完全に「常識外れ」としか言いようがないものでした。

第2章でもお話しした通り、通信業界は「通話品質が安定しないサービスは提供できない」を常識とするなど、いわば〝お行儀のいい〟世界です。

販売窓口を設けるなら、ドコモショップのように自社の店舗を構えるのが当たり前。それが通信事業者として顧客からの信頼に応えるやり方であり、そこからはみ出す販促や販売手法など考えもしなかったのでしょう。

そもそもＮＴＴグループの寡占《かせん》市場が長らく続いてきたので、事業会社の側からアグレッシブに営業するという概念自体がなかったのかもしれません。

ところがソフトバンクは、普段は焼き鳥の屋台や野菜の即売所などが出店しているような小さなレンタルスペースで、自社サービスを売りました。しかも若い女性たちをたくさん使って、派手に人目を引く販促方法をやろうというのですから、**業界の常識からすればあり得ない**ことです。

なぜ「パラソル」を孫社長が考えついたかというと、すでに他の業界では効果が立証されていたからです。

衛星放送の「スカパー!」がサービスを始めた頃、実はソフトバンクがチューナーの販売を請け負っていました。そのとき、「パラソル」が成功したのです。

このときは名古屋地区のみの実施で、扱う商品も別ものですから、他の経営者ならこれを横展開しようとは思わないでしょう。

しかし孫社長はこの**小さな成功を見逃さず、「全国でもやってみよう」と考えました。**

普通の人であれば、「成功する確率がどれだけあるかわからないのに、すべての方法を試すなんてバカげている」と思うかもしれません。

しかし、先を見通せない不確実な時代には、これこそが勝つための唯一の手段であることを、孫社長は知っているのです。

「同時にすべてを試す」が最強である

「一度にすべての方法を実行する」

これが鉄則であり、ソフトバンクが他の会社と大きく異なる点です。

このルールを重視するのには三つの理由があります。

①スピードでライバルに勝てる
②最善の方法を探せる
③各方法を正確に比較できる

普通なら、まずは一つを試して結果を検証し、「思ったほど効果がないから、別の方法も試そうか」とまた別の一つを試す。そして「最初の方法よりは効果があるが、もっといい方法があるかもしれない」とまた別の一つを試す。

こんなふうに検証を進めて、すべての結果が出揃《でそろ》ったところで「どの方法が最も効果があるか」を判断し、ようやく本格的な実行に移すというのが一般的です。

しかし、それでは時間がかかりすぎます。

パラソルを1カ月やって結果を検証し、電話セールスを1カ月やって結果を検証し……などとやっていたら、仮に六つの方法を試すと半年かかってしまいます。

今は変化が激しく次に何が起こるかわからない時代です。もしそんなことをしてい

「一度にすべての方法を試す」が最強！

× 一つずつ試していると すごく時間がかかる

◎ 一度にすべての方法を試すほうが 短い時間で成功しやすい

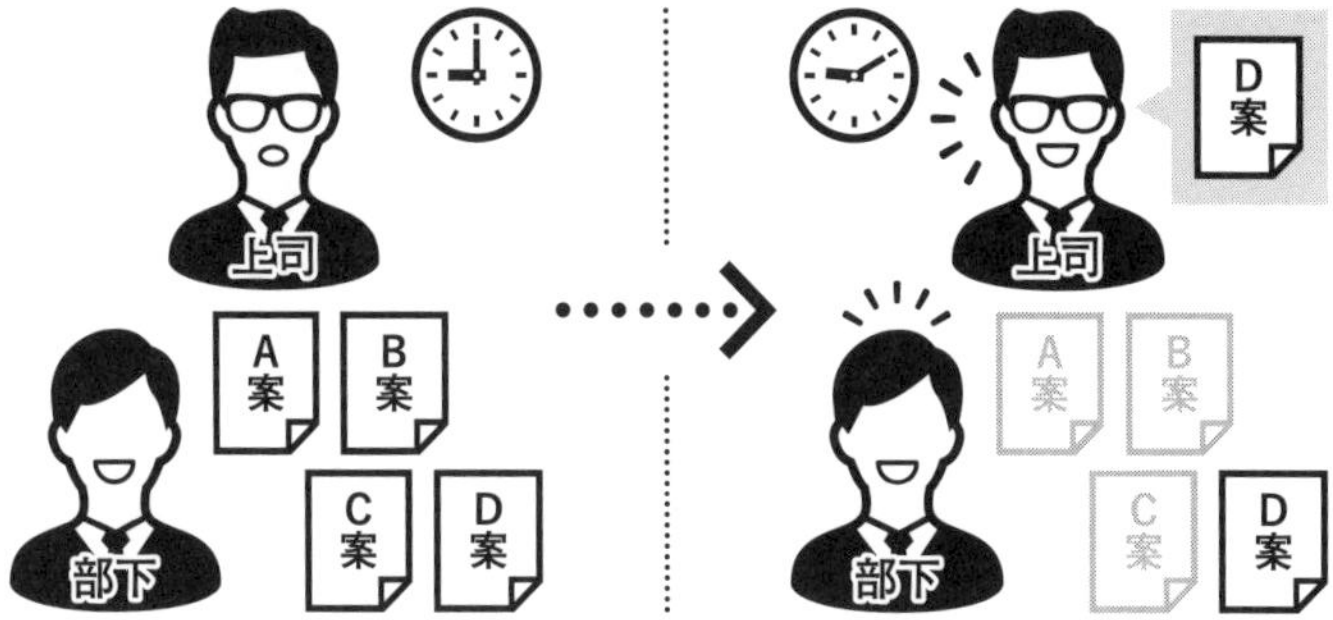

たら、間違いなく勝機を逃します。

競合がいない市場だと思っていたら、いきなり起業したてのベンチャーが同様のサービスを開始したり、外資系企業が乗り込んでくることもあります。

突然現れたライバルが圧倒的に有利なサービスを打ち出したら、その時点でナンバーワンの座は奪われます。慌てて後追いで参入しても、2番手以降のポジションで終わるだけです。

そんな残念な結果で終わらないためにも、**考えついた方法はすぐ同時進行で試して、結果を検証する必要があります。**

これなら同じように六つの方法を試す場合でも、1カ月後にはおおよその結果が出揃います。

六つの中で成功と失敗がはっきりするので、すぐに最も効果的な方法を見つけられます。その方法に絞って実行すれば、最速でゴールへ辿り着けるでしょう。

同時期に一斉に試すことは、結果を正しく検証するためにも重要になってきます。物事を比較するには、同じ条件下で行うのが鉄則だからです。

もし春にパラソルを試し、夏に訪問販売を試し、秋に電話セールスを試すといったやり方をしたらどうなるでしょうか。

「パラソルは順調だったが、春は気候がよく外出する人が多かったからかもしれない」

「訪問販売が低調だったのは、暑くて販売員の効率やモチベーションが下がったからでは?」

このように、気候という変動要因が加わっただけで、客観的な検証ができなくなります。

ほかにも、景気や株価、政治の動向など、時期が変われば外的環境も変化します。結果を検証するなら、同じタイミングでやらないと意味がないのです。

「最適解」はコンピューターも試すまでわからない

「巡回セールスマン問題」をご存じでしょうか。

「ある都市を出発したセールスマンが、複数の都市を1回ずつ訪問して出発地点に戻ってくるとき、移動距離が最短になるルートを求めなさい」

この問題は、数学的に見ると想定できるルートがあまりにも多く、コンピューターでも完璧な最適解を求めるのは難しいとされています。

ところが、実は簡単に正解に近づく方法があるのです。

まずはデタラメでいいので、すべての都市を回るルートを一つ決めます。

そして、「これよりも移動距離が短いルートを探す」というプログラミングでコンピューターに何度か計算させると、かなり正解に近いルートを瞬時にはじき出せます。

ここから言えることは二つです。

一つは、あらゆる可能性がある中で最も良い答えを見つけるのは、コンピューターでさえ難しいということ。

そしてもう一つは、ゼロから正解を見つけるのは困難でも、とりあえず仮説を立てて、「より良いものは何か」を試していくことが、結局は最短で答えに辿り着く唯一の方法だということです。

ビジネスの世界で起こっていることは、「巡回セールスマン問題」の設定よりも、はるかに複雑です。

市場環境や顧客ニーズ、競合の動きなど、さまざまな要素が絡み合い、それぞれが常に変化し続けています。

その中で、**何が本当に正しい答えなのかを最初から見極められる人は誰もいません。**

天才的経営者といわれる孫社長でさえ、先のことはわからないのです。

だからこそ、考えつく方法はすべて試してみて、少しずつより良い方向へと改善し、正解へと近づいていくしかありません。

一見すると遠回りのようでいて、これがゴールへ最短で辿り着く近道なのです。

ロールモデルになりきって、自分を超える

思いきって、すべての手段を一度に試す。

それが成功への近道だと頭ではわかっていても、今まで一歩ずつ慎重に前へ進むよ

うな仕事のやり方をしてきた人は、なかなか今までの常識を捨てることができないかもしれません。

「そんなことをしても、うまくいくはずがない」

どうしてもネガティブに考えてしまい、仕事の進め方をガラリと変える勇気がないという人もいるでしょう。

そんなマインドブロックを打ち破るためにお勧めの方法があります。

それは、**ロールモデルになりきる**こと。

皆さんにも、憧れの人や尊敬する人、思わずすごいと思ってしまう人がいるでしょう。そうしたロールモデルになりきって、さも自分がその人であるかのように振るまったり、「あの人ならどう考えるだろうか」と想像してみるのです。

私のお手本は、もちろん孫社長です。

だから「こんなことをやっても無駄だ」というネガティブな思考がよぎったときは、こう切り替えることにしています。

「孫社長なら、どう考えるだろう?」

この効果はてきめんです。

私も今では、孫社長と同じ企業経営者の立場になりましたが、三木雄信として考えると「これだけの資金調達は無理だろう」「うちの会社はまだ知名度がないから」といった言い訳をしたくなることもあります。

でも、**「孫社長ならどうするか」と考えた瞬間、思考はガラリと変わります。**

「孫社長なら、金融機関とこんな交渉をするだろう」

「孫社長なら、会社の規模が小さいことを逆手にとって、思いきった戦略を実行するんじゃないか」

そんなアイデアが次々に浮かんでくるのです。

ロールモデルになりきって考えれば、自分の思考の足かせになっていた常識の枠が取り払われる。そんなイメージでしょうか。

たまたま私は希代《きたい》のカリスマ経営者が身近にいましたが、**お手本にするのは誰でも構いません。**

著作を読んで感銘を受けた経営者でもいいし、歴史上の人物でもいいかもしれません。

重要なのは**「誰をロールモデルにするか」ではなく、「自分以外の人物になりきれるか」**です。

皆さんは、イネス・リグロンという女性をご存じでしょうか。

もともとはフランスの実業家ですが、日本で彼女の名前が一躍有名になったのは、「ミス・ユニバース」の世界大会で日本人を次々に入賞させたことがきっかけです。

イネスさんの指導のもと、知花《ちばな》くららさんが世界第2位、森理世《もりりよ》さんが世界第1位に輝き、彼女の育成メソッドが注目を集めました。

そのイネスさんいわく、これまで日本人が世界大会で入賞できなかったのは、シャイな気質が原因だったそうです。

自分をアピールするのが気恥ずかしくて、ステージ上でも堂々とポージングできない。そこが日本人の弱みでした。

そこで、イネスさんが何とアドバイスしたか。

「憧れの人になりきりなさい」

もしスーパーモデルになりきれば、その人と同じくらい自信満々にポーズをとれる。

誰かを演じることで、自分の枠を超えることができるのです。

今までの常識、今の自分を捨てるには、ロールモデルになりきること。これが誰にでもできて、すぐに効果が出る「常識を突破する方法」です。

「同時にすべてを試す」ための三つのコツ

「同時にすべてを試す」というルールを、個人が仕事で使っていくためにはいくつかコツがいります。

それは、普通の組織では変わったことをしようとするとストップがかかるからです。でも、孫社長のような経営者でも、組織で働く社員でも、やるべきことの基本は同じです。

①期限を決めて、可能性ある手法をすべて一斉に試す
②一番効果がある方法を見極めたら、あとはそれだけを実行する

③スタートからある一定期間は成果が出ないか、マイナスになることを想定内とする

これらを意識することで、どんな立場の人でも、「可能性ある手法をすべて一斉に実行し、大きな成果を出す」ことが可能になります。

特に「③スタートからある一定期間は成果が出ないか、マイナスになることを想定内とする」は、会社で働く人にとって非常に重要なポイントです。

なぜなら、この想定をあらかじめ上司や周囲に伝えておかないと、「失敗」と見なされて途中でストップをかけられてしまうからです。

孫社長は経営者なので、自分の判断で赤字にすることができましたが、組織に属する会社員は何事も上司の了解を得なくてはいけませんから、そこは注意が必要です。

たとえば、あなたが新商品のキャンペーンを任されたとします。

会社から与えられる予算には限りがありますが、その中でできるだけ多くのキャンペーンを試してみたいと考えました。

そんなときは、上司にこんな提案をしてみたらどうでしょう。

「新商品のキャンペーンはA案、B案、C案の三つを試しますが、半年以内に最も効果の高い一つの案に絞ります。そのため、最初の半年で年間予算の7割を使いますが、その後はコストが抑えられるので、トータルでは予算内に収まります」

こうして**「前半はコストが極端にかかりますが、後半はこれだけ下がります」**と説明しておけばいいのです。

これはいわば、最初から失敗を織り込んだ提案です。

もし前半のコスト増を提案に盛り込んでいなかったら、1カ月後には「どうしてこんなにコストがかかるんだ、君の提案は失敗じゃないか！」という上司からの叱責が飛んできたでしょう。

しかし、「半年で7割の予算を使う」とあらかじめ明言していれば、それは失敗とは認識されません。

つまり、**「上司に失敗を失敗と思わせないこと」が可能になる**わけです。

上司の側も、「これは失敗ではないのだ」と思えば安心します。リスクに敏感な上司ほど、部下の側がリスクを最小化してあげる必要があるのです。

こうして三つのコツを押さえれば、肩書きがない若手社員であっても、「できるだけ大きく試す」ことができます。

アイデアは実行の中から生み出す

「可能性ある手法をすべて一斉に試す」のもとになるアイデアはどうやって生み出せばいいのでしょうか。

第2章で登場した山田君のパターンで考えてみます。

電話をかけるとき、こんなトークのパターンを考えました。

「単刀直入にオフィス移転の予定があるかを聞いてみる」

「オフィスに対する不満から聞いてみる」

「今のオフィスに移転した時期や社員数の変動などの確認から始める」

「相手の仕事のことを尋ねてみる」

これはすべて思いつきです。でも、こんなもので構いません。あとは、**高速ＰＤＣ**

Aを回していく中で思いついたものをさらに追加していけばいいのです。

電話でなかなかつかまらない担当者には、FAXで物件情報を送ってみたり、自社のパンフレットを郵送してみたりする。そして時間を空けて電話をしてみる。逆に相手から電話がくるのを待つといったことも思いつくでしょう。

会社の規模や担当者の年代によってアプローチの方法を変えてみる。そうしたことも大切です。

目標を設定するときにお話ししたことですが、**最初は思いつきを仮置きの方法にしていけばいい**のです。実行していく中で、新しいアイデアを必ず思いつきます。いろいろな方法を試すと、どれが失敗でどれが成功か、といったこともわかってきます。その中から、「次はこうしたほうがいいのでは」と考えるきっかけが生まれます。

ただし、気をつけたいことが一つあります。

アイデアがたくさん出ていろいろな方法を実行できるのは喜ばしいことなのですが、それだけ労力も増えてしまいます。個人だけでなく、チームであっても、かけられるリソースに限界があるわけですから、「これはダメだ」と分析して結論がついたものはどんどんやめていかないといけません。

なぜソフトバンクはアイデア豊富なのか？

一度にすべての方法を試すには、その前提として、できるだけたくさんの方法を思いつかなくてはいけません。

あらゆる方法を試したくても、目の前のアイデアが一つや二つしかないようでは、一つずつ試すのと変わらなくなってしまいます。

アイデアを出すためには「1人でアイデアを考える」以外にも、「誰かと一緒にアイデアを考える」というのも有効です。

詳しくは第6章でお伝えしますが、孫社長も何かあれば人からアイデアを引き出すことを重視していました。

ところが、アイデアを口に出すのが苦手という人は少なくありません。

思い出してみてください。会社の会議やミーティングでなかなか意見が出ず、議論が進まないという経験をしたことがありませんか?

これは参加者たちが「下手に意見を言って、リスクを負いたくない」と考えるからです。

「販促キャンペーンについて意見を出せ」

そう言われて、自分が提案したアイデアがうまくいかなかったら、責任をとらされる。それを恐れて、口を開かなくなるわけです。

そんなとき、ほかの人が発言しやすい空気をつくる方法があります。

「何でもいいから、荒削りでツッコミどころが多いアイデアを出す」

孫社長は、新しい事業を始めるときはいつも、この方法でアイデアを募ります。

ソフトバンクの中で、最も荒削りで、最も無茶苦茶なことを言い出すのは、いつも組織のトップである孫社長です。

普通なら、「それをやったら絶対にクレームがくる」「コンプライアンスには通らないのではないか」と考えて口にしないことでもお構いなし。綿密に練られたきれいなビジネスプランではなく、ゴツゴツした石のようなアイデアがいきなり飛んできます。「目が合ったら渡す」などというのは、まさに荒削りとしか言いようのない発想です。

もうお気づきと思いますが、**組織のトップやリーダーが率先して粗《あら》のある発言をすると、いい効果がある**のです。

それは、**周囲の人たちがリスクを負わずに済むこと**です。

「アイデアはあるけど、成功の確率は低そうだし……」などと考えて発言をためらっているところに、リーダーが口火を切って「モデムをタダで配ったらどうだ？　街頭で目が合った人にどんどん渡すんだよ！」と言い出したらどうなるか。

他の人たちは「いやいや、『目が合ったら渡す』よりは、もっといい案があるだろう」と考えます。

そして、「だったら、プロの業者に委託して電話セールスをやりましょう」「家電量販店と組んでチャネルを拡大するといいのでは」といった意見を言いやすくなるのです。

リーダーがあえて粗のあるアイデアを出すことで、周囲の人が負うべきリスクを実質的にゼロにしているわけです。

私が社外取締役を務めるベンチャー企業の社長も、会議の場ではあえてツッコミどころのある意見を言うようにしているそうです。

それを彼は、「マクドナルドする」と名付けていました。

その社長いわく、彼の周囲にいる人たちは、「今日のランチはどの店に行こうか？」という質問にさえ、遠慮してなかなか意見を言わないことがあるそうです。

そこで社長がわざと「じゃあ、マクドナルドにするか」と言うと、周囲はざわざわし始めます。そして「先日行ったイタリアンがおいしかったですよ」といった意見が出てくるそうです。

社長の発言によって、他の人たちは「いやいや、どう考えてもマクドナルドよりはいい店を知っているぞ」と自信を持ち、発言するわけです。

このようにチームで仕事をするときに、周囲がリスクを恐れてなかなか動き出さないときは、あえて「マクドナルドする」ことが効果的です。

たとえあなたがリーダーや責任者でなくても、誰かが意見を出せばある種の基準ができます。そして他の人も、「この意見よりはいいと思えること」を口にしやすくなります。

そうなれば、より多くのアイデアを試せるし、成功も失敗もたくさんできます。

おそらく孫社長も、自分の立場がもし部下であったとしても、そんなことは気にせずにいいアイデアが出てくるように、「くだらないアイデア」を口にするはずです。

「今日勝つ方法」だけを考えて実行する

実行のための方法が出揃ったら、今度はそれを実行していく段階です。

第2章で登場した山田君がどのように仕事を進めていったのかを辿りながら、実行していく方法を説明していきます。

「1日に3人と10分以上話す」という目標を決めた山田君に、私は毎日の記録を表でつけるように言いました。そこには次の三つの項目を設けてもらいました。

①毎日の目標
②毎日の結果
③勝ち負け

一番上の段に目標の「3人」と記入。その下に毎日の結果を「1人」「2人」と書き込みます。一番下の段には、勝ったのか負けたのかを示す「○×」の欄を設けました。そして私は、**「毎日、なぜ勝ったのか、負けたのかを必ず分析しなさい」**と言いました。

そのための方法として、自分が電話したすべての人の通話時間や相手の属性、かけた時間帯などを細かく記録して、毎日の自分の行動を振り返ることをすすめました。

山田君へのアドバイスには明確な理由があります。

彼は私のところにどうすればいいかを聞きに来ましたが、私は24時間、彼に付きっきりでアドバイスができるわけではありません。そこで彼に、「1人でも戦える武器」を手渡したのです。

毎日の記録を細かくとってもらったのは、目標を達成する戦略を考えるためです。

山田君はこれまで記録をとらずに感覚だけでアポイントをとろうとしていました。ですが、それではいつまで経っても、偶然アポイントがとれることはあっても、確実にアポイントがとれないことは誰が見ても明らかです。それでは大きな目標も達成できません。

山田君が、私に教えてほしかったのは確実に目標を達成する方法です。

そのために大切だったのが、毎日の記録を細かくとることだったのです。

山田君が私から学んだことを実践した結果、「相手が話にのってくれたらラッキー」という場当たり的なトークが、「10分話すにはどうすればいいか」と知恵を絞って生まれたトークへと変わりました。

そして、自分が話した内容と通話時間を記録する中で、

「いきなり物件の紹介をしようとすると、すぐ切られてしまう」

「現在のオフィスの不満な点について質問すると長く話せる」

「午前よりも午後、それも16時前後が一番つながりやすい」

毎日の記録のつけ方

毎日の勝敗表

曜日	月	火	水	木	金
毎日の目標	3	3	3	3	3
毎日の結果	0	0	1	0	3
勝敗	×	×	×	×	○

書いていいのは○か×だけ

電話先リスト

日時	5/13 14:00	5/13 14:30	5/13 16:00	
会社名	A建設	B商事	Cネット	
名前	田中	加藤	佐藤	
役職	総務部長	営業部長	営業部員	
性別	男性	男性	女性	
通話時間	5分	3分	1分20秒	
メモ	もう少し都内への交通の便がよいところを探している。	事務所が広すぎるので少し狭いところを探している。	引っ越したばかり。業績は拡大中で、1、2年でまた引っ越すかも。	

といった傾向がわかってきました。

電話をかけるリストの分析も始めたところ、

「ITベンチャーの会社は10分以上話せる確率が高い」

「従業員1000人規模の会社は、5000人規模の会社より10分以上話せる確率が高い」

といった傾向があることに気づきます。

それなら、10分以上話せる可能性が高いリストから優先的に電話をかけ、話が続く可能性が高いトークをすればいい。

こうして自分なりに仮説を立てた山田君は、毎日、試行錯誤しながら勝率をどんどん上げていきました。

毎日の勝ち負けの基準が明確になったことで、「自分がやっていることは正しいかどうか」の**フィードバックが得られるようになり、「勝つためには何をすべきか」も明らかになっていった**のです。

ただ毎日記録をとるだけで、自分が今何をやっているのか、10分以上話せる相手を増やすにはどうすればいいのかなどの**「自分の立ち位置」や「仕事の進め方」がわか**

ってくる。これが記録の力です。

結果の記録が、目標値を最適化する

「1日3人10分話せる」相手が増えてくると、アポイントの数も自然に増えます。するると、記録することも次々と増えていきます。「実際に会えたのは何人か」「そのうち、内見までいったのは何人か」「そこから契約に至ったのは何人か」。こうしたことを**記録することで、プロセスの関連性が見えてきます。**

1日に10分以上話すのが3人とすると、稼働日が22日として毎月66人。そのうち、実際に会ってくれたのは約40％の25人。内見までつながったのは10％の6人。契約に至ったのは5％の3人。

3カ月ほど記録しましたが、この割合はほぼ毎月変動しませんでした。

こうして「1日に3人、10分以上話す」という毎日の目標値が、「月に契約を3件とる」という最終ゴールを達成するために正しい目標設定だったことが証明されました。

同時に、**プロセスごとの締め切りも見えてきます。**

「内見から契約まで、平均すると10日かかる」という場合は、「毎月20日には、内見したお客さまのストックが6人以上溜まっていないと、月末までに3件の契約はとれない」とわかります。

「最初に担当者と会ってから内見まで、平均すると1週間かかる」という場合は、「毎月13日には、実際に会えた担当者のストックが10人以上溜まっていないと、月末までに3件の契約はとれない」ということです。

裏を返せば、これがプロセスごとの目標値にもなります。

最初は「1日に3人、10分以上話す」という中間目標しかなかったのが、「毎月13日までに、10人以上と会う」「毎月20日までに、6人以上を内見に案内する」といった指標も加わり、**最終目標に到達するまでの道筋がより明確になりました。**

これにより、まだ契約がとれていない月の前半でも「今月はすでに10人以上と会えたから、きっと3件の目標も達成できるだろう」と予測がつきます。

月末の最後の最後まで、今月の目標を達成できるかわからず、常にハラハラしながらストレスフルな毎日を送ることもなくなるはずです。

それを証明するかのように、半年後に再び私のもとを訪れた山田君は明るい表情でした。

「毎月の目標が達成できるようになって、仕事も楽しくなりました！」

そう話す様子は、前回とは別人のように自信に満ち溢《あふ》れ、別人のように生き生きして見えました。

結果が出ない人は、「自分の仕事」が見えていない

「先月はだめだったが、なぜか今月はうまくいった」

「今日の打ち合わせは、珍しくうまくいった」

こんなふうにしか考えられない人は、自分の仕事が見えていません。仕事が見えている人は、自分の行動の結果をきちんと説明できます。

それは、自分の仕事を見える化しているからです。

これまで日本企業の多くは、ＰＤＣＡによって仕事を見える化してきました。いわゆるＰＤＣＡは、メーカーの生産現場で品質管理を円滑に行うために生み出された手法です。

メーカーが作るのは「もの」ですから、仕事のプロセスも品質の定義も明確でした。自動車であれば、鋼板のプレスにはじまり、溶接、塗装、成形、組み立て、品質検査と、工程（＝プロセス）がはっきり分かれています。さらに「プレス」「溶接」という一つの工程の中でも、部品や素材ごとに細かく担当が分担されます。

つまり、「この工場では、月に1万台の車を製造する」という大きな目標を決めたら、工程数や稼働日などから逆算すれば、「プレスは1日に１０００枚」「成形は1日に４００台」といったプロセスごとの小さな目標も簡単に割り出せます。

さらには、それぞれの工程において品質の定義も詳細に定められています。「１８０℃で30分間熱しても変質しなければ良品、変質したら不良品」といった線引きがされ、「1日の生産品のうち、不良品は３％以下にすること」などの目標値も定められています。

こうして**工場で働く全員が、自分が毎日クリアすべき生産数と品質の目標を数値で把握しているのが、ものづくりの現場の特徴**です。

つまり誰もが「自分は今日、勝ったのか、負けたのか?」を知ることができる。**だから、毎日頑張れるし、確実に結果を出せるのです。**

ところが、サービスのように形のないものを扱う場合はどうでしょうか。あるいは、新しいビジネスや業務の仕組みを生み出すような仕事をしている人は?

現在は、ビジネスのサービス化が進み、製造業のように形のあるものを扱う仕事のほうが少なくなりつつあります。

どこまで頑張ればいいのか、どの方向へ向かって努力すればいいのか。

ものづくりのようにプロセスや品質に関する明確な定義がないために、「PDCA」を回そうにも回せず、ただ何となく頑張っているという非生産的な働き方をしている人が増えているように思います。

そこから脱するには、サービスの提供や新規事業の創出といった形のないものを扱う仕事でも、自分でプロセスを分け、品質を定義するしかありません。

第4章

結果は「数字」で厳密に検証する

高速PDCAの【C】

ここまで実際の仕事の中で、高速ＰＤＣＡを回す方法をお伝えしてきました。

この章では、高速ＰＤＣＡを改善していく中で、どう数字で検証するかをお話ししたいと思います。

数字で物事を検証することができるようになれば、高速ＰＤＣＡはさらに正確に成果へ向かって回るようになります。

まずは、数字で検証するとはどういうことか。そのことを孫社長の考え方からお話ししていきます。

「数字がわからない人」はどうすればいいのか？

「数字で語れない者は去れ！」

孫社長が社員たちに求めることをひと言で表すなら、こうなります。

どんな報告や相談にしろ、数字に基づいて話せない人間は評価されません。

今日の売上や利益はなぜこの数字で、その理由や原因は何か。次は何を実行すれば、何％の数値改善が見込めるのか。

すべてを数字で語れなければ、それこそ「次から君は来なくていい！」と言われて即刻退場です。

経営者は誰もが数字を気にするものですが、孫社長のこだわりぶりは群を抜いていました。

そして本人も、数字にめっぽう強い。

社員が何日もかけて作り上げた複雑な資料も、ひと目見ただけで「この数字はおかしい」と鋭く間違いを指摘するので、社員たちは戦々恐々としていました。

ソフトバンクでは、すべての数字を社員全員が共有します。

多くの会社では、経営陣が取締役会で見る資料と、一般社員がミーティングで見る資料は、まったくの別ものだろうと思います。

取締役会では経営全体に関わる数字を示し、一般社員にはそれぞれが担当する部署や業務内容に関わる数字だけを切り出して伝える。そんなケースが大半ではないでしょうか。

しかしソフトバンクでは、孫社長が見る数字も現場の社員が見る数字も、基本的には同じです。

その代わり、**社員全員がその数字を理解し、自分の仕事の改善に役立てなくてはいけません。**そもそもソフトバンクでは、「自分は数学や計算が苦手で……」などと言い訳している暇はないのです。

数字の勘を磨き、仕事で成果を出すには、日々のトレーニングあるのみです。

「数字を理解するには、フォースを使え」

孫社長は、よくそんなことを言っていました。

〝フォース〟とは、「スター・ウォーズ」に出てくるジェダイの騎士が使う特殊能力としておなじみの言葉です。

といっても、それはあくまで冗談めかしてのことです。当たり前ですが、孫社長が数字に強いのは特殊能力のおかげではありません。

常に数字を意識し、その裏にある意味や背景を分析し、次の数字を予想する。

その鍛錬を日々重ねているから、**数字を理解する勘どころが身に付く**のです。

ベテランの職人が握った寿司は、どれも米の量はほぼ同じで、差があっても米1粒か2粒程度だそうです。人間が一つのことを鍛錬し続けると、それだけ正確な相場観が身に付くということでしょう。

孫社長は、それを非常に高度なレベルで実践しています。その結果、磨かれた数字の勘をフォースと表現しているわけです。

顧客満足度を飛躍的に高めた数字テクニック

序章で、同じ仕事をしていても、人によって「3倍の差がある」とお話ししました。そう断言できるのも、私がソフトバンク時代から、部下やプロジェクトメンバーの仕事を数字で細かく見てきたからです。

私が「Yahoo!BB」のコールセンターで責任者をしていたときも、オペレーターの仕事ぶりをチェックし、顧客満足度を高めるために数字を使いました。

最初の頃、私はオペレーターの指導に苦労していました。

お客さまから「オペレーターの対応が悪い」とクレームが入ったので、私が事情を聞きに行くと、「相手が少し変わった人だったんです」「こちらが話し出す前から、怒っていらっしゃったので」といった説明が返ってきます。

要するに、「自分が悪いわけではなく、たまたまそういうケースにあたっただけ」と言いたいのでしょう。

そんな人に「話し方を改善してください」と言っても、相手は納得しません。1件ずつの事例で改善を促しても、「あれは例外です」で済まされてしまいます。

そもそもオペレーターの仕事は、お客さまによってニーズが異なるので、良し悪しを評価するのが難しいという問題もあります。

基本的な対応や話し方はマニュアル化され、一定の品質は保てるようにしてありますが、オペレーターがその通りに話せばすべての人が満足するわけではありません。

たとえば、「モデムが故障したから、交換してほしい」と電話をかけてきたお客さまに、「一度電源アダプターを抜き差しして、電源ランプが点灯するか確認してください」というマニュアル通りの対応をすると、相手が怒り出すことも少なくありませんでした。

そういう人は、ネットや本で対処法を調べ、電源の抜き差しも含めて思いつくことは試したうえで、「やっぱり故障しているから、交換しかない」と思って電話をかけています。そこでまた同じことをやれと指示されたら、腹が立つのも無理はないでしょう。

その一方で、マニュアル通りに対応すれば満足というお客さまもいます。よって、一律の評価基準をつくるのが難しいのです。

しかしこれでは、いつまで経ってもコールセンターの顧客満足度は上がりません。

そこで私は、「だったらお客さまの一人ひとりに、オペレーターの仕事の品質が良かったかどうか聞けばいい」と思いつきました。

そして、コールセンターに連絡してきた人たち全員に、メールでアンケート調査を実施する仕組みを作りました。

「お問い合わせありがとうございました。オペレーターの対応はいかがでしたか。満足度を星5つで評価してください」

こんなメールを送って、オペレーターの接客品質を星1つから5つの数字で測定することにしたのです。

そして、オペレーターごとの平均点を1日ごとに算出し、「あなたの昨日の評価は3・8点でした」などと毎日画面に表示しました。

客観的な数値で示されたことで、オペレーターたちは自分の点数を上げるにはどうすればいいか、各自で考え始めました。

先ほども言った通り、お客さまによって求めるニーズは異なりますから、実際に対応するオペレーター本人が工夫するしかありません。

これにより、コールセンター全体の顧客満足度も高まりました。

お客さまから返ってくるアンケートは、毎月数百件に上りました。これだけの母数を根拠とする数値を示せば、「クレームが来たのはたまたまです」という言い訳はできません。

人が自分の行動を改善しようと思えるのは、「今のままでは、何がどうダメなのか」を納得できたときです。

そして、自分を客観的に評価するのに、数字ほど適したものはありません。

現状を数字で把握し、目標値との差を認識しないと、人は改善に向かって動き出せないのです。

原因と結果を分析する「多変量解析」

では、高速ＰＤＣＡを回す中で、具体的にどのように数字を扱えばいいのか。

数字を使う場面は三つありました。一つ目は目標設定、二つ目は検証、三つ目はプロセスの見える化です。

この三つをすべて数字で管理すれば、高速ＰＤＣＡは驚くべきスピードで回り、確かな結果を手にすることができます。

一つ目の目標設定については、もうお話しした通りです。二つ目の検証、三つ目のプロセスの見える化には、次の二つのワザが役立ちます。

①多変量解析

②T字勘定

どれも聞き慣れない言葉かもしれませんが、実際に使ってみるとエクセルや紙1枚あれば簡単に使えるものばかりです。

まずは「多変量解析」からお話しします。

多変量解析とは、「複数の変数から関連性を明らかにするための統計手法」です。

有名なのが、アイスクリーム販売を分析した事例です。

アイスクリームの売上に影響を与える要因は、いくつも考えられます。

商品の価格や種類、1個当たりの量、当日の気温や湿度、月や曜日、そのエリアの通行量など、さまざまな変数によって販売個数は変わります。

たとえばあるコンビニでは、気温の変化がアイスクリームの売上にこんな影響を与えていました。

「気温が22℃を超えると、1℃上がるごとにアイスクリームの売上個数は倍になる。しかし、気温が30℃を超えるとアイスクリームの売上は半減し、かき氷の売上が3割増える」

このように、**それぞれの要因がどのように関連しているかを明らかにするのが、多変量解析**です。

「Ｙａｈｏｏ！ＢＢ」の新規顧客獲得に力を入れていた頃は、多変量解析を使って数字を徹底分析するよう、孫社長から指示が出されました。

「場所による売上の差はどれくらいあるか」
「晴れの日、曇りの日、雨の日では、売上はいくら違うか」
「新人アルバイトと経験のある社員では、売上にいくら差があるのか」
「平日と休日では、売上がいくら違うのか」

こうして、あらゆる変数ごとに結果を分析したのです。

具体的な分析にはエクセルを使います。ここでは簡単に説明するために、単回帰分析で説明します。

たとえば、携帯電話の販売店を想定し、ある販売店の１日の通行客数と契約獲得件数の関係を見ていきます。

まずエクセルでグラフを作成します。図表のようにグラフに数字を入れて、グラフの中から散布図のオプションを選びます。これで、1日の通行客数と契約獲得件数の関係をグラフにできました。

次にグラフツールの「レイアウト」→「近似曲線」→「線形近似曲線」の順でクリックします。この作業で引かれた線が、1日の通行客数と契約獲得件数の関係を示す単回帰分析の直線です。

あとは、この直線が本当に正しい数字を表しているかをチェックします。作業は、まず今引いた近似曲線をダブルクリック。すると、近似曲線の書式設定の画面がポップアップするので、「近似曲線のオプション」の中から「グラフに数式を表示する」と「グラフにR－2乗値を表示する」にチェックを入れる。

R－2乗値とは、一次関数の直線である「y=0.4647*x*＋57.603」がどのくらい当てはまっているかを示す数値です。これを「決定係数」と呼びます。この決定係数が1に近いほど実際の分布に当てはまっていると考えられ、0・5以上であれば精度が高いということです。

今回の場合は、0・87でしたから、かなり確実な回帰分析だったといえます。

これで回帰分析は完了です。すごく簡単でしょう？　エクセルのおかげで面倒な作

エクセルで多変量解析をする

① 元になるデータを用意する

地点	1日の通行客数(人)	獲得件数
A	1300	630
B	1100	580
C	500	300
D	400	280
E	350	200
F	320	380
G	280	140
H	210	100
I	200	120
J	180	95

② 「挿入」➡「グラフ」➡「散布図」で散布図を作成する

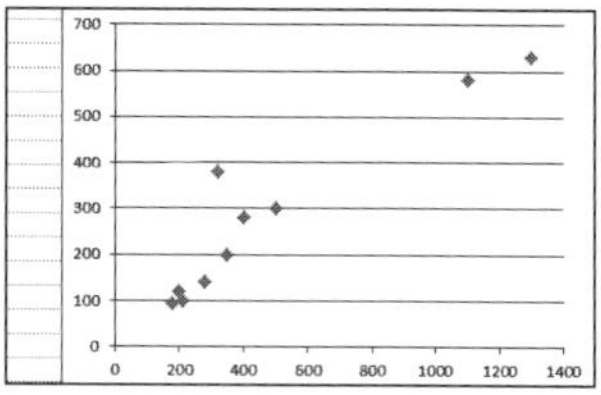

③ 「グラフツール」➡「レイアウト」➡「近似曲線」➡「線形近似曲線」をクリック

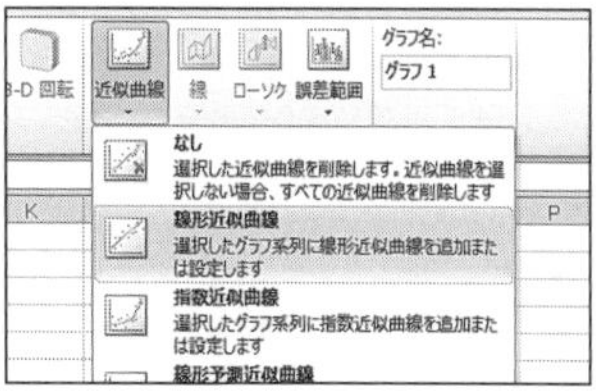

④ 「線形近似曲線」が引かれる

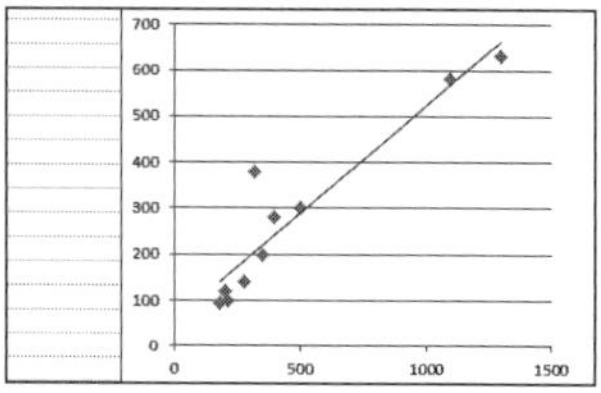

⑤ 「線形近似曲線」をダブルクリックし、「近似曲線のオプション」を開き、下のようにチェックを入れる

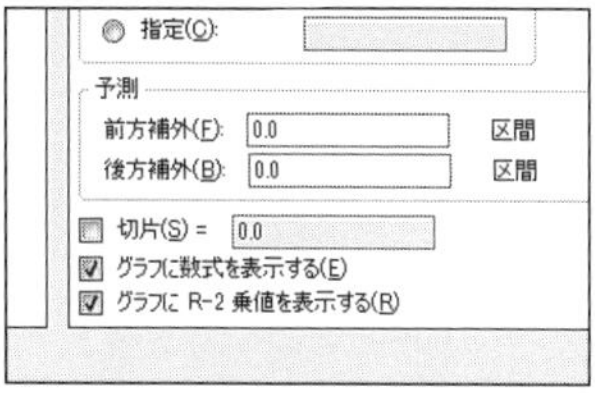

⑥ 「決定係数」の値を確認する

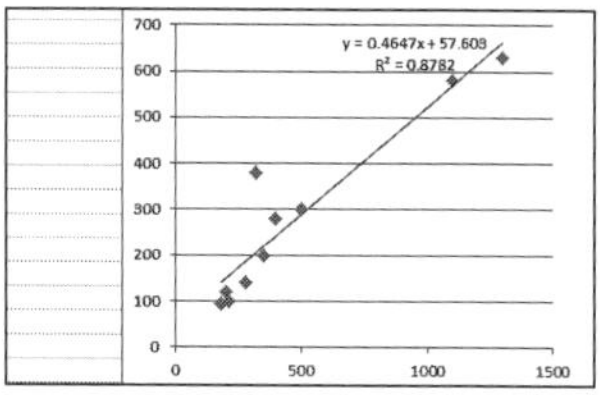

業をせずに済むからです。

ちなみに、もし決定係数が０・５以下の場合は、自分が考えつかなかった他の要素が関係しているかもしれません。その場合は他の要素を疑ってみて、別の数値で再計算しましょう。

この多変量解析が使えるようになると、何が変わるのか。

誰でも、より良い方向へ改善するための解決策を導き出せるようになります。

たとえば、ある販売店の売上が普段より悪かったとします。

「今日の売上はいまいちだったけど、天気が悪かったせいかな。いや、今日はアルバイトが１人休んだから、そのせいかも。いやいや、隣町でイベントがあったらしいから、今日はそちらに人出が流れたのかもしれない」

店長はそんなことをあれこれ考えたものの、はっきりした原因は何もわかりません。数字の裏側にある要因がわからないのだから当然です。

でも、何かしらの改善をしないといけないことはわかっているので、「最近アルバイトがよく休むから、もっと新人を採用しよう」と考え、改善策を実行してみました。ところが、売上はさらに低下してしまったのです。

では、同じ事例を多変量解析で分析してみます。

「新人アルバイトと経験のある社員では、売上にいくら差があるのか」

この結果を測定したことで、次の事実がわかりました。

「採用してから1カ月以内の新人アルバイトが30％を超えると、1日の売上が20％低下する」

「販売員の経験」という変数と、1日の売上との関連性が明確になったわけです。

それがわかれば、何をすべきかが見えてきます。

そう、新人の割合を減らせばいいのです。先ほどの店長が「もっと新人を採用しよう」と考えたのが、いかに的外れな改善策だったかがわかるでしょう。

「新人の割合を減らすには、長く働いてもらわなくてはいけない。離職率を下げるには、どうすればいいだろうか」

ここまでくれば、あとはどう改善するかの段階です。

新人研修をもっと充実させようか、新入りのアルバイトをサポートする担当者をつけようか、新人が困ったときに相談できる電話窓口をつくるよう会社に提案しようか。こんな改善策が次々に思い浮かぶはずです。

ロジックに基づいてこうした改善策を見つけるのは、一見すると難しいことのように思うかもしれませんが、それは数字で物事を管理できていないからです。

きちんと数字で管理すれば、誰もが正しい改善策に辿り着けるのです。

ソフトバンクの幹部は、孫社長から多変量解析を習得するよう指示されていました。そのための研修も用意されており、私も専門家の講義を受けたことがあります。現在は一般社員向けの研修も開かれていて、誰もが多変量解析を学ぶことを推奨しています。

プロセスを見える化する「T字勘定」

二つ目の「T字勘定」について見ていきます。

高速ＰＤＣＡでは大きな目標を達成するための小さな目標を立てて、それを改善していくことで大きな目標を達成していきますが、小さな目標は大きな目標を達成するためのプロセスの一つにすぎないことがあります。

山田君の場合でいえば、「1日3人と10分以上話す」ができたとしても、契約件数3件はとれないかもしれません。その原因は話せる人数が少ないからかもしれませんが、別のところにあるかもしれません。

たとえば、内見で止まっているかもしれません。

仕事がうまくいかないときは、必ずどこかに業務フローを邪魔している阻害要因、つまりボトルネックがあるはずです。

でも、たいていの人はそれが何かは見えていません。

ソフトバンクでは、このボトルネックも、数字を使って見える化していました。

そのために使っているのが**「T字勘定」**という手法です。

これはもともと簿記で使われている手法で、「貸方」と「借方」の仕訳《しわけ》をわかりやすく図解する表です。

というと難しく聞こえるかもしれませんが、要するにT字の線を引いて「入ってきた数」を左側に、「出ていった数」を右側に書いて、**現在手元にあるお金や資産の増減を管理する方法**です。

この「お金や資産」を「部品」や「商品」に置き換えれば、T字勘定を在庫管理に応用できます。

私は独立後、ソフトバンクで数々のプロジェクト管理を手がけてきた経験を買われて、国の機関からアドバイザーを依頼されることがあります。

その一つが、２００８年から参画した厚生労働省の年金記録問題作業委員会です。当時、年金番号の記録もれが発覚し、「消えた年金」として大きな問題になったのを覚えている人も多いと思います。

そこで、すべての年金加入者と受給者に自分の記録を確認してもらうため、「ねんきん特別便」を発送し、回答を記入して返送してもらうことにしました。ところが、あまりに大量の書類を現場がさばくことができず、確認作業は大幅に遅れていました。

さっそく書類の発送や在庫管理をしている現場を見に行くと、だだっ広い倉庫に全

T字勘定でプロセスを見える化する

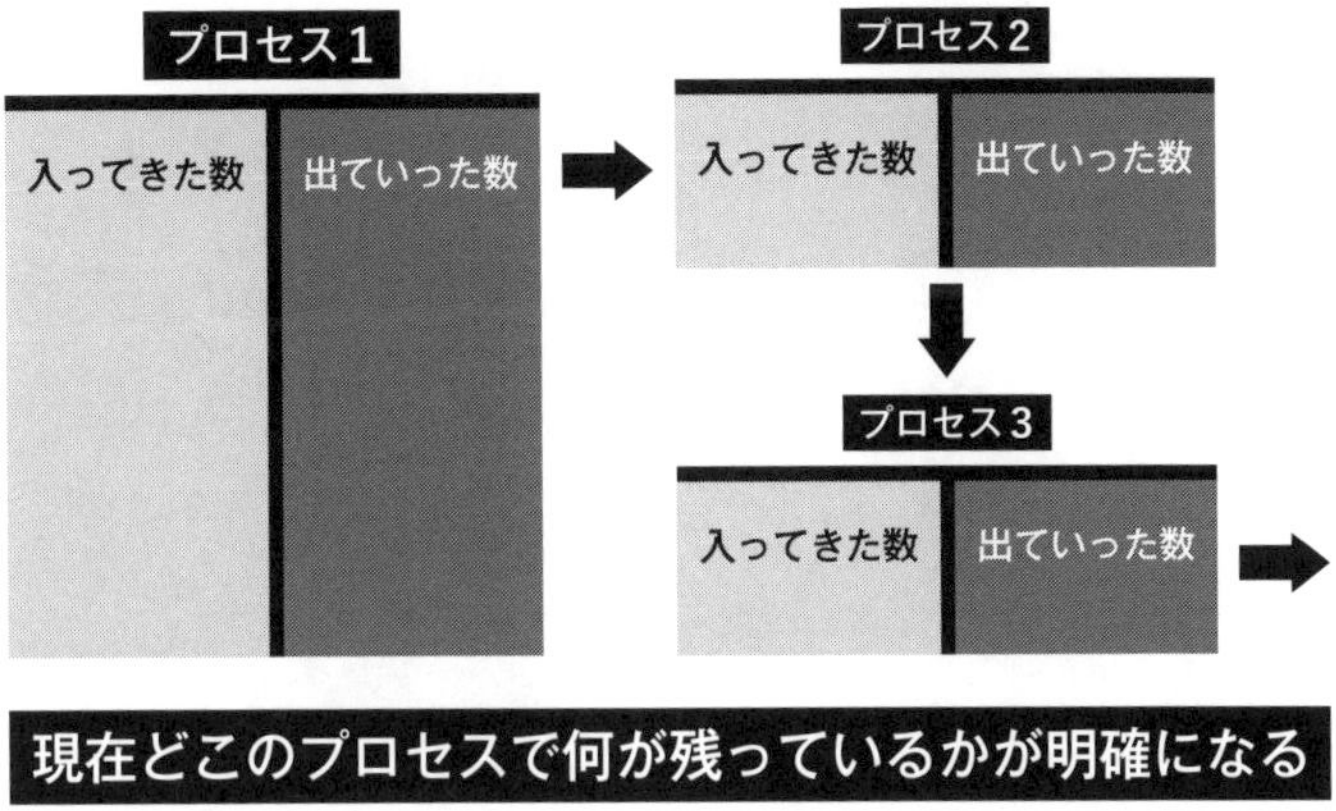

国から返送された大量の書類が山のように積まれていて唖然《あぜん》としました。すべてをコンピューターに入力処理するのは、気の遠くなるような作業です。

しかし、その処理を迅速化させるのが私の役目です。

これだけの書類が溜まっていたということは、業務フローのどこかに作業が行き詰まっているポイントがあるはず。

そこで私は、ボトルネックを明らかにするために「T字勘定」を使いました。

簿記の「お金や資産」を「書類」に置き換えて、「在庫＝処理が滞って倉庫に積まれている数」を管理しました。

方法は簡単です。まずA4用紙を用意して、そこに大きくTと書きます。

そして、T字の左側に「業務開始時の書類の在庫数」を記入します。新たに書類が届いたら、それも「今日届いた書類数」として左側に書き込みます。

朝の在庫が300件、今日届いた書類が500件なら、その日の「入ってきた数」は計800件です。

そして1日の終わりに、「今日処理できた書類数」を右側に書きます。その数字が600件だとしたら、200件が残ります。これを「業務終了時の書類の在庫数」と記入します。

このとき、T字勘定では左側の合計と右側の合計が常に等しくなります。

私は業務のプロセスごとにT字勘定で書類の在庫数を毎日記録し、それぞれの数字の変化を確認しました。

プロセスは次の四つです。

①封筒を開け、必要な情報がすべて記入されている書類と、記入もれがある書類に分

T字勘定でボトルネックを見える化する！

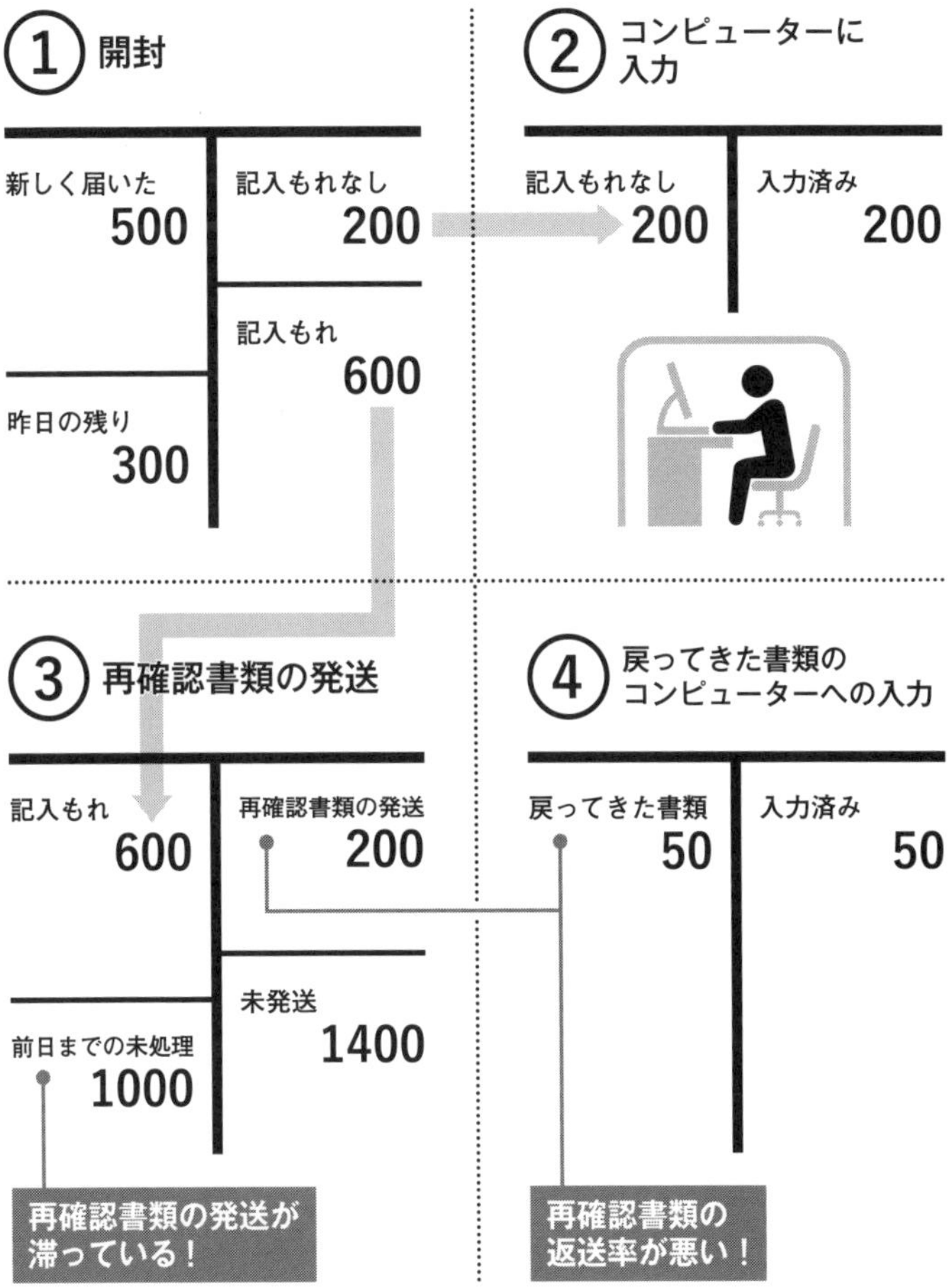

ける
②すべて記入済みの書類の情報をコンピューターに入力する
③記入もれがある書類は、再確認用の書類を発送する
④再確認で戻ってきた書類の情報をコンピューターに入力する

すると、**どのプロセスで在庫が増えているかがわかります。そこが業務フローの中で作業が滞っているポイントであり、ボトルネックになるわけです。**

プロセスごとにT字勘定で毎日の数字の出入りを把握し、もし「再確認用の書類を発送する」というプロセスで在庫が増えているなら、担当するスタッフを増やしたり、処理スピードが速いスタッフを回したりといった改善策をとります。

その改善策によって、毎日の在庫が減っていけば、その対処法は正しかったということ。ボトルネックは取り除かれ、全体のフローが円滑に進むようになります。

詳しいことはこれ以上言えませんが、この手法でボトルネックを解消したことで、全体の在庫数もどんどん減っていき、私は約1年間で業務効率を4倍に高めることに成功したのです。

全体を何となく眺めていては、何がポイントなのか、なかなかわかりません。でも、一つひとつのフローに分け、数字で管理することで、解決の糸口は自然に見えてきます。

個人の仕事を「T字勘定」で見える化

T字勘定は、個人の仕事のプロセス管理にも応用できます。
第2章で登場した不動産営業の山田君の場合でお話しします。
プロセスは次の五つでした。

①見込み客リストの会社に電話する
②不動産管理の担当者と話し、アポイントをとる
③アポイントがとれた会社を訪問する

④担当者を物件に案内して内見させる
⑤契約を結ぶ

T字勘定の左側に、「現在アポがとれている件数」を書きます。新たにアポがとれたら、これも「今日とれたアポ数」として左側に書きます。

そして業務終了時に、「内見の案内につながった件数」「断られた件数」「保留の件数（連絡がとれなかったり、相手が対応を検討中のもの）」を右側に書き込みます。

このうち、山田君のケースで「在庫」に該当するのは「保留の件数」です。

これは同時に、仕事のボトルネックになりやすいポイントでもあります。

アポはとれたが、実際に会ってみないと内見につながるか、断られるかわからない。この手の**「勝ったか負けたかわからない曖昧な状態」が積み上がっていくのは危険**です。

「保留」のうちは、まだ負けと決まったわけではないので、本人は仕事が順調に進んでいるような錯覚に陥ります。しかしフタを開けたら、保留中の相手全員に断られる可能性もあるはずです。

個人の仕事もT字勘定で見える化する!

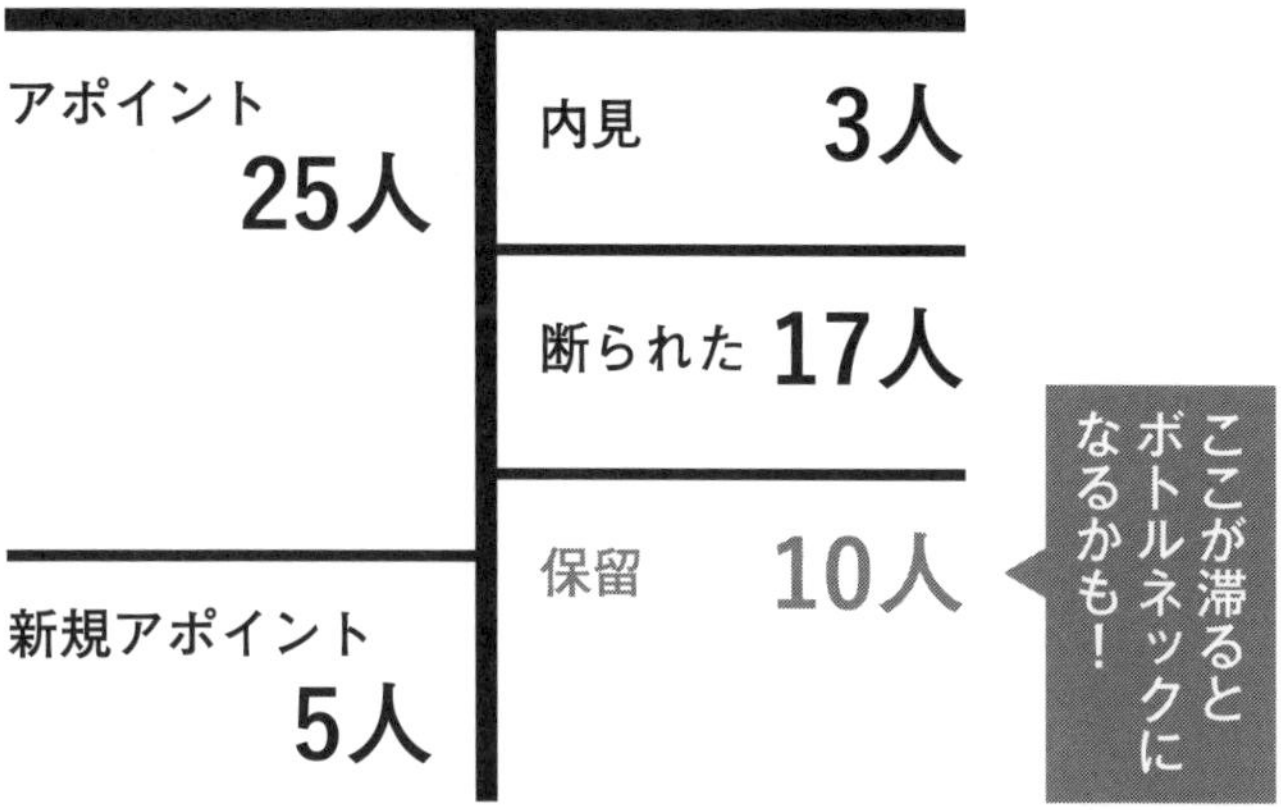

すぐに勝ち負けの結果がわかれば、たとえ断られたとしても、素早く次の手を打てます。「今日は断られた件数が多かったから、明日はアポの電話をもっと増やそう」といった改善策をとれば、スピードを落とすことなく高速PDCAを回していけます。

ところが「検討すると言っていたから、もう少し待ってみよう」などと言い訳をしているうちは、次の行動に移れません。

内見から契約へとプロセスを進めて結果を出すこともできないし、改善もできないという手詰まり状態が続くばかり。これぞボトルネックです。

このように、T字勘定で毎日の数字を記録し、保留の件数が増えないように管理することが重要なのです。

「保留」が増えてしまうのは、あと1本の電話をかけるのが面倒だったり、結果を知るのが怖かったりといった、単純な理由が多いもの。本人が意識さえすれば、実は保留を減らすことは難しくありません。

T字勘定で仕事の〝在庫〟を確認することは、自分自身に行動の改善を促すための有効な手段でもあるのです。

第5章

「いちばんいい方法」だけを磨き上げる

高速PDCAの「A」

大きな目標と小さな目標を立てることができた。

いいアイデアを出して、そのすべてを実行する方法も手に入れた。

そして、それらを正確に検証する手段がある。

この三つのプロセスを手に入れることができれば、あとは「いちばんいい方法」を見つけて、それを磨いていけば、望んでいた以上の成果を手に入れることができます。

⑦一番すぐれた方法を明らかにする
⑧一番すぐれた方法を磨き上げる

この章では、この二つについてお話ししていきます。

ソフトバンクが4期連続赤字だった理由

「ソフトバンクはずっと右肩上がりで急成長を続けてきた」

世間の人たちは、そんなイメージを持っているかもしれません。

でも、それは事実ではありません。

実は2001年度から2004年度まで、ソフトバンクは4期連続で赤字でした。しかもグループ全体の純利益では、毎年1000億円規模の損失を出していたのです。

売上高も1998年を境に減少に転じていました。

それ以前のソフトバンクは主にコンピューターソフトの流通業によって拡大してきましたが、販売を委託されていた外資系企業が自社の販売体制を強化し始めたことで、ビジネスモデルが頭打ちになったのです。

そこへ2000年のネットバブル崩壊が追い打ちをかけます。一時は日本の時価総額ランキングにおいてNTTドコモに次ぐ第2位だった株価も、一気に下落しました。

実はこの頃、ソフトバンクは創業以来の危機に直面していたのです。

この状況を打開するため、孫社長が起死回生の一手として選んだのがADSL事業への参入であり、「Yahoo!BB」のプロジェクトでした。

おそらく孫社長としても、人生で最も大きな勝負を挑んだときだったと思います。

ただし、勝負するからには、絶対に負けないのがソフトバンクです。

では、この大勝負に勝つために、孫社長はどんな戦略をとったのか。

それが**「『いちばんいい方法』だけをやる」**です。

あらかじめ期間を決めたうえで、最初は赤字になってもいいから、あらゆる販売手法や販売チャネルを試す。そして、すべての方法を試しながら結果を検証し、最終的に一番効果がある方法を選んで、それだけを実行する。

これだけです。

こうしてある時点でスパッと方向転換すれば、当初の赤字を超えるほどの大きな利益を出せるはずだと読んだのです。

そして、この読みはピタリと当たります。4期連続で赤字だったソフトバンクの業績は、2005年度から黒字に転じました。

つまり2001年度から2004年度まで赤字が続いたのは、孫社長の戦略であり、最初から想定内だったということです。

株式公開している企業が5期連続で赤字を出すと、上場廃止になります。

4年間の赤字がソフトバンクの急成長の秘密

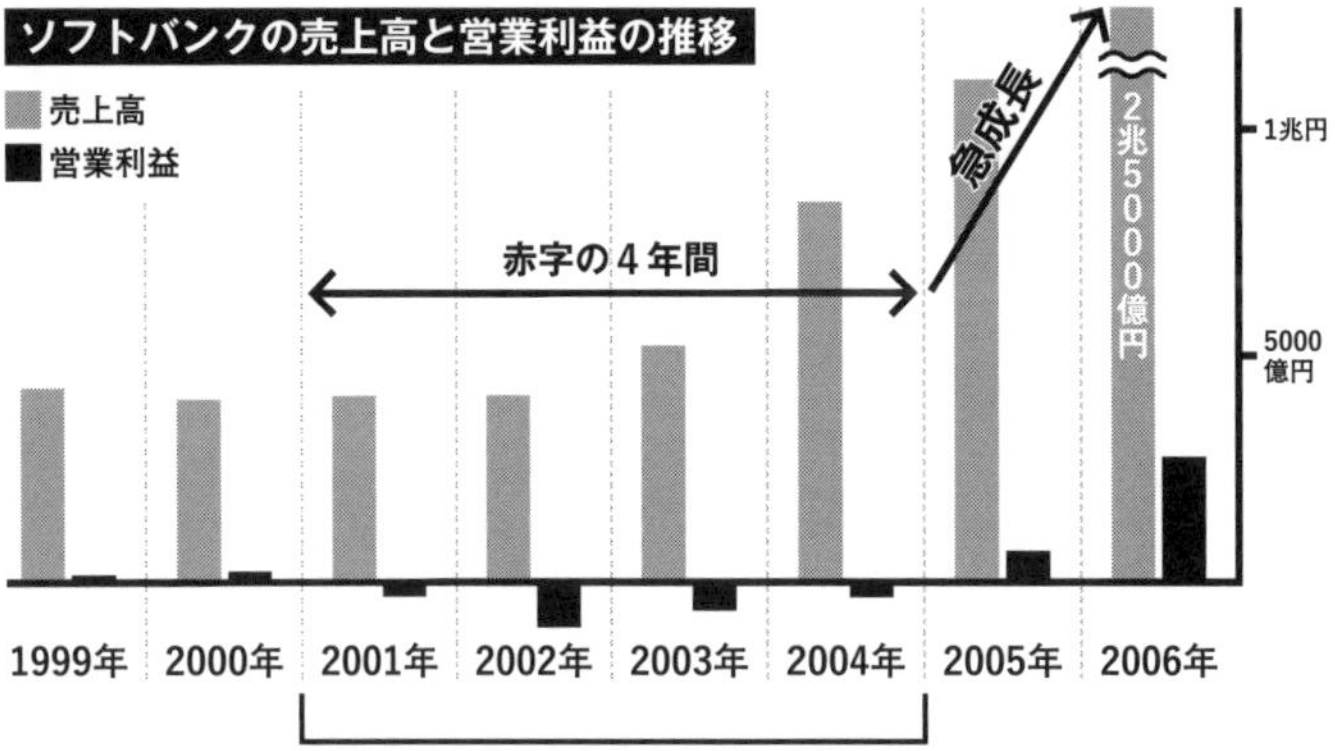

この期間にさまざまな方法を試したことで急成長できた

ですから、5期目には必ず黒字にする。ただしそれまでの**4年間は赤字を前提にすべての方法を試し**、2005年度の決算に間に合うタイミングで、**確実に利益を出せる「いちばんいい方法」だけに切り替える。**

そこまで計算して、ギリギリの勝負に挑んでいたのです。

外から見ると単に業績が伸び悩んでいるだけに思えたかもしれませんが、その裏でソフトバンクは徹底的に検証していたのです。

「いちばんいい方法」なら、NTTドコモを抜ける

「いちばんいい方法」を見つけるには、サンプル数は多ければ多いほどいい。

だから、高速PDCAでは、できるだけ多くのことを試します。

10個の中の「いちばん」よりも、100個の中の「いちばん」のほうが、レベルが高いのは間違いないからです。それが1000個、1万個と増えれば増えるほど、その中で「一番効果がある」と判断されたものは、「勝てる方法」である確率が高まります。

勇気を持って試す規模を大きくすれば、そのぶんだけ確実に勝つ方法を見つけることができるのです。

孫社長は、そのことをよく理解していました。だから、赤字になるほどの大きなコストをかけて、あらゆる方法を試したのです。

「赤字にしなくても、できる範囲で試せばよかったのでは?」

そう考える人もいるかもしれません。

しかし小さく試しても、小さな結果しか得られないし、小さな成長しか見込めないでしょう。

「5期目に黒字にする」というのは、孫社長にとってあくまで中間ゴールにすぎません。

その先には「NTTドコモを抜いて、通信業界でナンバーワンになる」という大きなゴールがありました。

大きな成果を出すには、大きな挑戦をする必要がある。

孫社長はそれをわかっていたから、赤字にする勇気を持てたのです。

販売を委託する代理店も1社や2社ではなく、何十社も試しました。どこの代理店が高い結果を出すか、実際にやってみないとわからないからです。

パラソルを展開した場所やエリアも、通常のキャンペーンでは考えられない規模でした。

商店街の空き店舗やスーパーマーケットの駐車場の一画、駅前や公園のフリースペースまで、それこそ「日本全国の北から南まで、借りられる場所はすべて押さえろ!」

という勢いでした。トータルでは数千カ所に上ったはずです。

とにかく、**少しでも結果につながりそうなものがあれば、数も場所も広げて大々的に横展開するというのが孫社長の考え**でした。


ソフトバンクは4期連続で赤字が続いたと言いましたが、実際はもう少し早く黒字化しようと思えば十分に可能でした。

すでに「どの代理店に絞ればいいか」「パラソルはどのエリアに集中させればいいか」といったおおよその検証は済んでいたからです。

それでも孫社長は、あえてギリギリまで赤字を続け、できる限りの人や予算を注ぎ込んですべての方法を試す決断をしました。

その結果、2005年度の売上高はいきなり1兆円の大台を突破。翌年度には、2倍以上の2兆5000億円へと大きく伸びました。

本業での儲けを示す営業利益も大幅に改善し、2005年度は600億円、2006年度はその4倍以上の2700億円に達しました。

その後も業績は拡大を続け、現在では売上高10兆円、営業利益1兆円規模の大企業へと発展しました。

いい方法を磨き上げる「6：3：1の法則」

高速ＰＤＣＡで、たくさん試した中から「いちばんいい方法」を見つけるのは簡単です。すべての方法を数字で管理し、試し続けてきたので、必然的に最適な方法が見えてきます。

大変なのは、いい方法を見つけたあとです。

今は周りの環境が目まぐるしく変わる時代ですから、その方法が、永遠にいい方法であり続けることは難しいからです。

「もし通用しなくなったら、また別の方法を同じように探せばいいではないか」

そう思うかもしれませんが、それはすごく大変だと思いませんか？

ゼロから同じようにすべての方法を試して、よい方法を見つけるのは、労力がそれなりにかかります。ソフトバンクの場合も、赤字にしてまでまた挑戦するリスクはやはり高い。昔の経験があるからといっても、それが当てになるとも限りません。

そんな面倒を避けるために役立つのが「6：3：1の法則」です。


たとえば、あなたの会社が長年、印刷会社A社と取引があったとします。A社の仕事に不満はありませんが、コストや技術面でもっといい業者があるかもしれません。でも、新しい業者に仕事を依頼して、何か問題があったらそれは困る。

そんなときに使えるのが「6：3：1の法則」です。

たとえば、**まずは仕事の100%のうち10%を新しくB社に切り替える。**その程度なら、たとえうまくいかなくても最小限の損失で済むし、すぐに別の1社に切り替えれば取り返しがつきます。10分の1のリスクなら、上司もそれほど難色は示さないでしょう。

そして、B社が思った通りうまく仕事をしてくれたなら、次に**全体の3割の仕事をB社に任せ、A社への割合は6割にする。空いた1割をさらに新規のC社に任せる。**B社が3割の仕事を十分にこなせるなら、今度は6割の仕事をB社に任せ、A社の割合は3割に減らす。C社はまだ様子を見て1割にしておき、A社やB社の状況次第で入

「6：3：1の法則」で常に最善の方法を手に入れる！

まったく新しい方法

いちばんいい方法 6	次にいい方法 3	1

不動産営業をしていて、建設業界の移転が活発なら…

建設業界 60%の労力	通信業界 30%の労力	アパレル業界 10%の労力

広告を出して、テレビ広告が最も効果的なら…

テレビ広告 60%の予算	新聞広告 30%の予算	ネット広告 10%の予算

「6：3：1の法則」の3つのメリット

① 成果を確保しつつ、さらに上をめざしていける

② 不測の事態、世の中の変化に柔軟に対応できる

③ 新しく試した方法が失敗しても、大きな痛手にならない

れ替えを考える。

この方法であれば、リスクを最小限に抑えて、新しい方法を取り入れることができます。

1割は新しい方法をどんどん試してみる。試してみて結果が出た方法は、3割の中で入れ替える。「6」が一軍、「3」が二軍、残りの「1」がテスト生というイメージです。

また「結果が出なければ入れ替えがある」と示すことで、一軍の業者が緊張感を持って仕事をしてくれる二次的な効果も期待できます。

私の会社でも、WEB広告代理店については、3社と取引していて、それぞれの会社におよそ、6：3：1で広告予算を配分しています。

実は、WEB広告には、季節の変化や広告代理店のオペレーションのムラによって効果が変動するという特徴があります。ある月には有効だったのに、翌月には成果がゼロ近くに落ちたりするのです。これがもし1社であれば事業上の影響は巨大です。しかし、6：3：1であれば影響に対応して予算配分を見直せば立て直しも簡単です。

「6：3：1の法則」のおかげで、常に一定の新規顧客獲得が可能になっています。

このようにして、「6：3：1の法則」をそのとき試している「いちばんいい方法」に使えば、常に最善の方法を使い続けることができます。

必ずイエスを引き出す「まあしゃあん理論」

「いちばんいい方法」だけをやろうと思っても、いろいろな障害がつきものです。

たとえば、上司があなたのやり方を見て、口出ししてくるかもしれません。

そんなとき、上司を納得させて提案を通すには、**相手がリスクだと感じることをできるだけ取り除いてあげればいい。**

それを言い換えれば、こうなります。

「これをやったら絶対に得になる」と相手に思わせること。

それができれば、必ず相手からイエスを引き出すことができます。

たとえば、新しいアプリ開発を提案するとき、上司が「開発費は足りるのか？」と心配することが予想できたとします。

そんなときは、アプリ開発で実績のあるＩＴ企業をあたって、共同開発する場合に必要な予算を確認すればいいのです。これなら担当者レベルでもできます。

いくつかの企業と接触するうちに、相手のほうから「新しい技術の実用度をテストしたいので、御社のアプリに実験を兼ねた機能を入れていいなら、開発費は相場の半分でいい」といった情報が出てくるかもしれません。

そうなれば、上司に「アプリの開発費は、この部署の年間予算の１割以下に収まります」といった提案ができます。ほとんどリスクがなく、コストもかからないとわかれば、上司も反対はしないでしょう。

議論で相手を説得しようとしても、限界があります。

いくら論理的には正しくても、「でも実際にやってみたら、失敗するかもしれないんだろう？」と相手が思ってしまったらそれまでです。

それよりも、**できるだけ「ノーリスク・ノーコスト」に近い状況を用意し、その事実を淡々と伝えたほうが効果はあります。**

実は孫社長も、これと同じ手を交渉で使っています。

皆さんは、なぜ当時の携帯電話業界で３番手だったソフトバンクが、最初にｉＰｈｏｎｅの独占販売権を獲得できたのかと不思議に思ったことはないでしょうか。

それができたのは、アップルに「ソフトバンクと組めば絶対に得だ」と思わせる状況をつくったからです。

ｉＰｈｏｎｅの国内発売から遡ること2年前の２００６年、ソフトバンクは自社の携帯電話にｉＰｏｄをつけるセット販売サービスを始めました。

「携帯電話のおまけにｉＰｏｄがつく」というのも常識外な発想ですが、これによりソフトバンクはアップルにとって大きな顧客になりました。当時、日本でｉＰｏｄを一番多く買っていたのは、ソフトバンクだったはずです。

これでアップルとソフトバンクは、世界市場で共同戦線を組むパートナーとしての下地ができました。

さらに孫社長は、「ソフトバンクは日本の携帯電話純増数ナンバーワンである」「ソフトバンクはアジアのインターネット市場でナンバーワンである」という言い方でアップルにプレゼンテーションしたようです。

この言葉に嘘《うそ》はありません。

売上や契約数では業界3番手でも、純増数ではトップでした。「Ｙａｈｏｏ！ ＪＡＰＡＮ」は日本の検索サイトとして圧倒的ナンバーワンですし、中国のタオバオやアリババなどのインターネット企業とも投資や提携を続けてきました。

孫社長は、ただ事実を伝えただけです。それでも、アップルには強いメッセージが伝わりました。

おそらくスティーブ・ジョブズは、ソフトバンクを「日本で3番手の携帯電話会社」とは考えず、「アジアナンバーワンの企業」と認識していたはずです。

ｉＰｏｄの販売で実績と信頼があり、なおかつ日本だけでなくアジア全体でトップの会社。そうなれば、アップルが「ソフトバンクと組めば絶対に得だ」と考えたのも納得できます。

孫社長は常々、「交渉の秘訣は〝鯉《こい》とりまあしゃん〟に学べ」と話していました。「鯉とりまあしゃん」は、孫社長の実家に近い福岡県浮羽《うきは》郡（現在の久留米市）に実在した鯉とりの名人です。

彼は鯉とりをする数日前から栄養価の高いものを食べ、水中で体温が低下しないよう準備し、当日も河原のたき火でじっくり体を温めます。

そのまま川に入って水中に横たわると、人肌の温かさを求めて鯉が集まってくるので、腕の中にそっと受け止める。これが「鯉とりまあしゃん」のやり方だったそうです。

本番の前から準備を重ね、相手が自分から望んで寄ってくるような状況をつくる。

まさに孫社長の交渉術とそっくりです。

交渉の達人は、決して議論で相手を論破したり、巧みな話術で説得しているわけではありません。

鯉が人肌の温かさを求めるように、「この人と一緒なら安心」という状況をつくれば、相手はみずからこちらへ歩み寄ってきます。

周囲の協力を得て、自分がやりたいことをやるためにも、提案の前に「ノーリスク・ノーコスト」の状況づくりに力を入れるべきです。

人を動かすには見える化

ほかにも上司を納得させるいい方法があります。

会社や上司と戦うのではなく、リスクを最小化して、相手にも「これならやってもいいかな」という安心感を与えるのがコツです。

そのためのポイントは、**目の前の問題を「見える化」すること**です。

人間は、自分がわからないことに不安を抱きます。ですから、自分がやりたい方法について、上司や他のメンバーにもわかりやすく示してあげればいいのです。

「見える化」をするときのポイントは、次の三つです。

①その方法を実行した場合に問題になりそうなことをすべて洗い出す
②問題の洗い出しは、関係者全員で行う
③うまくいかなかった場合の代替案を提示する

こうしてはっきりと「見える化」すれば、相手の不安はかなり取り除かれます。

「失敗の確率は思ったより低いな」

「もしうまくいかなくても、こんな代替案があるのか」

こうして目の前のことがはっきり見えてくると、他の人たちも「だったらこの案を試してみてもいいかな」という気になるはずです。


ここで最も重要なのは、「②問題の洗い出しは、関係者全員で行う」です。

この作業を1人でやろうとせず、その提案を実行する際に関係者になる人たちを集めて、何が不安なのかを話してもらうのが一番速くて確実な方法です。

私は新しいプロジェクトを立ち上げるとき、あえて自分の提案に疑問を持ちそうな人や反対しそうな人たちを全員集めます。

これはソフトバンク時代も今も変わりません。

その場で「今度、こんなことをやるつもりです」と提案すると、皆が口々に「いや、このプランでは資金調達が難しいぞ」「コンプライアンス上はこんな問題がある」「納期も短すぎるだろう」などとダメ出しを始めます。

でも、それこそが私の狙いです。

他の人が何を不安に思っているかわかれば、それを見える化してあげればいいだけ。「この問題には、こう対処します」という具体的なアクションを示してタスク化すれば、たいていの人は納得します。

「でも、自分では代替案を思いつかないようなダメ出しがあったら？」

そんな心配がよぎるかもしれませんが、実はこの点でも、1人でやらずに全員を集めるメリットがあります。

たとえ自分では代替案を示せなくても、さまざまな部署や立場の人が一堂に会していれば、誰かがアイデアを出してくれるからです。

「このケースなら、前のプロジェクトでやった資金調達の方法が使えるんじゃないか？」

「納期が厳しいなら、一部外注すればいいのでは？　仕事の速い業者を知ってますよ」

そうやって、お互いに案を出し合ってくれるのです。

たとえプロジェクトが本格的に始まる前だったとしても、こうして関係者が集まって顔を合わせれば当事者意識が生まれ、自然と「目の前の問題を解決しなくては」と考え始めるのでしょう。

そうすれば、自分1人でやるよりずっと早く確実に、目の前の問題やリスクを潰していくことができます。そして全員が「これならやれるかもしれない」と前向きな気持ちに変わっていくのです。私は何度もそれを体験してきました。

「大きく試して、いちばんいい方法だけをやる」というルールを普段の仕事やプロジェクトで実践したいなら、まずは関係者を集めて問題の洗い出しをしてみてください。

その場で問題やリスクの「見える化」ができれば、そこにいる人たちの賛同や協力が得やすくなるはずです。

第6章

「人の力」を借りて、もっと速くなる

ここまで高速ＰＤＣＡの回し方を説明してきました。

そして、あることを話してきませんでした。

それは、「人の力の借り方」です。

実は、孫社長はソフトバンクの仕事を拡大していくうえで、実に多くの人の力を借りてきました。どの人もビジネスパーソンとして優秀な人だけでなく、スポーツ業界で活躍している人もいます。

なぜ人の力を借りるのかといえば、それが物事をうまく成功させるうえで一番手っ取り早いからです。

この章では、孫社長がどんな人と人脈をつくり、事業を成功に導いてきたのかをお話しし、そしてそれを普通の人が実践するためのコツをお伝えしていきます。

人の力がなければ、今の孫社長はなかった

孫社長が天才的経営者であることは間違いありませんが、かといって何でもできる

スーパーマンではありません。

むしろ、「自分1人の力でできることなど、たかが知れている」というのが本人の考えでした。

ですから、**孫社長は何か新しいことを始めるときや、知らない知識や情報を得ようとするとき、必ず人の力を借りる**のです。

何か知りたいことがあれば、すぐに詳しい人に聞く。まったく新しい分野に進出するときは、その業界に通じた人に協力を頼んだり、社内に招き入れたりする。

そうやって、自分に足りない情報や知恵、経験やノウハウを、どんどん人から借ります。

自分に知恵や経験がないからといって、それが身に付くまで待っていたら、いつまで経っても新しいことにはチャレンジできません。

「やる！」と決めて動き出して、人の力を借りる。

ソフトバンクがさまざまな事業で成功できるのには、こんな秘訣もあったのです。

孫社長が実践しているこの手法を、私は**「マウンテンガイド理論」**と呼んでいます。

初めて挑む山に最短ルートで登るには、その山を知り尽くしたガイドを雇うのが確実です。

ガイドは道案内もしてくれるし、危険な場所も教えてくれます。急な斜面では、滑落せず安全に登る方法も指導してくれます。自分の力だけで乗り越えられない箇所があれば、ロープで引っ張ってくれたりもします。

だから山の頂上に最速で到達できるのです。なにも初心者が自分1人で山を登る必要はありません。

孫社長がやっているのも同じこと。**新しいビジネスの山に挑むたびに、マウンテンガイドを雇っている**わけです。

ソフトバンクは創業以来、さまざまなビジネスを手がけてきましたが、新規事業のスタートにあたっては、常にその道のプロをスカウトしてきました。

1990年代に金融関連事業に参入した際は、元野村證券の北尾吉孝《きたおよしたか》氏（現・SBIホールディングス代表取締役執行役員CEO）を取締役として招聘《しょうへい》しました。「ゆくゆくは野村の社長になる」と言われたほどの優秀な証券マンが、孫社長のオファーでソフトバンクグループに転職してきたのです。

2000年には、富士銀行の副頭取や安田信託銀行（現・みずほ信託銀行）会長を歴任した笠井《かさい》和彦《かずひこ》氏が取締役に加わりました。これ以降、ソフトバンクは日本テレコムやボーダフォンなどの企業買収や海外投資を積極的に進めましたが、それを支えた財務のスペシャリストが笠井氏でした。

つい先日、副社長を退任したニケシュ・アローラがソフトバンクのメンバーに加わったのも、彼の出身国であるインドへの投資を積極的に進めている最中でした。おそらく孫社長は、インド市場に詳しい人間を探すうちに「ぜひ彼の力を借りたい」と考えたのでしょう。

ソフトバンクは2005年からプロ野球球団の運営に乗り出しましたが、これまでの事業とはおよそかけ離れたスポーツの世界に参入するにあたり、孫社長が連れてきたのが小林至《こばやしいたる》氏です。

史上3人目の東大出身プロ野球選手として話題になった人物で、現役引退後はコロンビア大学経営大学院でMBAを取得しています。

野球と経営の両方に詳しい小林氏は、力を借りる相手としてこれ以上ない適任者だったのでしょう。小林氏の著書を読んだ孫社長が自分から連絡をとり、球団役員への就任をオファーしたと聞いています。

小林氏は福岡ソフトバンクホークスで取締役を務め、現在はアドバイザーとして球団の運営に関わっています。

こうして孫社長は新たなプロジェクトが始まるたびに、その分野でトップクラスの人材から知恵やノウハウを借りてきたのです。

ソフトバンクが短期間で急成長を遂げた理由も、そこにあります。

なぜ孫社長は人を使うのがうまいのか？

孫社長が力を借りる相手は、名のある人物に限りません。

現場に詳しいビジネスパーソンや、最先端のテクノロジーやノウハウに通じた研究者など、自分の知りたい情報を持つ人であれば、有名無名を問わずアプローチします。

相手の肩書きやキャリア、年齢や経験を問わず、自分にとって有益だと思う情報やノウハウを持っている人のアドバイスやレクチャーには耳を傾けます。

この**素直さがあったからこそ、孫社長は人の力を借りながら、大きな仕事を成し遂げることができた**のです。

たとえば孫社長が資金調達をしたいと思ったら、投資銀行を何社も呼んで話を聞きます。

テクノロジーの進歩や市場の変化により、金融の世界では日々新たな資金調達の手法が登場しています。よって、現時点でどれが一番いい手法かは、最新の情報を知る人に聞くのが一番手っ取り早くて確実です。

しかも1社ではなく、複数の金融機関に聞くのがポイント。いつも4社か5社は呼んで、質問をぶつけていきます。

すると2社目、3社目と進むうちに「1社目の話と矛盾しているのでは?」「2社目でも似た手法を提案されたが、どこが違うのか?」といった、より突っ込んだ話を聞くことができます。

こうして5社すべての話を聞き終えると、孫社長自身も最新の資金調達の手法についてひと通りの知識を身に付けている。そんなことが日常的に繰り返されていました。

社外だけでなく、社内の人間の力も遠慮なく借ります。

何か知りたくなったら、出張で地方に出かけている社員や、海外のグループ会社の役員にも、その場で連絡をとります。

時差の関係で先方が深夜や早朝でも、思い立ったらすぐに聞かないと気が済みません。孫社長はそれくらい貪欲に人の力を借りているのです。

多くの場合、社会的な立場や年齢が上になるほど、素直に人の話を聞けなくなるものです。「自分はこの仕事で長く経験を積んできたのだ」というプライドから、自分の意見が一番正しいと信じ込み、異なる考えや情報を受け付けなくなりがちです。

しかし、それこそが「常識に捕らわれている」という状態であり、新しいことにチャレンジできない原因になります。

孫社長には、そんなこだわりはまったくありません。

良いアイデアであれば、それが自分の発案だろうが、部下や社外の人の発案だろうが、どっちでもいいのです。

重要なのはただ1点、結果を出せるかどうか。

そのために役立つのであれば、**誰でもどんな意見でも受け入れるし、実行して成果につながれば、発案者を高く評価します。**

そういうフラットさが、ソフトバンクの強さを生み出しているのです。

ちなみに、ソフトバンクの社外取締役に大物が名を連ねているのも、孫社長が「自分に遠慮なく意見できる人を身近に置きたい」と考えているからです。

現在の社外取締役は、ファーストリテイリング代表取締役会長兼社長の柳井正《やないただし》氏と、日本電産の創業者で代表取締役会長兼社長の永守重信《ながもりしげのぶ》氏。お二人とも現在の日本を代表する名経営者です。

過去には、日本マクドナルド創業者の藤田田《ふじたでん》氏や経営コンサルタントの大前研一《おおまえけんいち》氏、「日本のインターネットの父」と呼ばれる工学博士の村井純《むらいじゅん》氏などが、社外取締役に名を連ねました。

いずれも日本のビジネス界やITの歴史を語るうえで外すことのできない重要人物です。

孫社長自身もすでに大物ですが、だからこそ自分に対して反対意見を述べたり、苦言を呈したりできる人間が周囲にいなくなることを危惧しています。

自分1人の判断では、間違うこともある。そのことを孫社長はよく自覚しているのでしょう。

一般的な会社の社外取締役といえば、経営者が個人的に仲の良いお友達だったり、ほとんど名ばかりで経営にはほとんど口を挟まないというケースも少なくありません。

しかし孫社長は、あえて自分に対して耳の痛いことを言える人物を身近に置いています。

時に自分を戒め、牽制《けんせい》するために人の力を借りる。

これも孫社長が他の経営者とは異なる点ではないでしょうか。

孫正義流「勝ちパターン」をずらす必勝法

「他人の力を借りるなんて、ずるいやり方では?」

「自分の力でゼロから生み出すからこそ、ビジネスは面白いんだ」

そう思う人もいると思います。

でも、世の中の「新しいビジネス」と呼ばれるもののほとんどは、過去に誰かが始めたビジネスの延長線上にあるのです。

ソフトバンクのビジネスも同じです。

検索ポータルサイトの「Yahoo! JAPAN」は、アメリカの「Yahoo!」のビジネスモデルを持ち込んだものですし、「ナスダック・ジャパン」もアメリカの証券取引所「ナスダック」の日本版です。低価格設定のADSLサービスも、海外ではすでに成功事例がありました。

人が見れば、「すでにある成功モデルを真似ただけ」と思うかもしれません。

でも、それでいいのです。

繰り返しになりますが、**孫社長が考えるのは「結果を出せるかどうか」だけ。**めざす目標を達成できるなら、手段にはこだわりません。

そもそも孫社長は、**「ビジネスのアイデアは自分のオリジナルでなければいけない」**

とは考えていません。

むしろ、良いアイデアは積極的に人から借りればいいと考えています。

ソフトバンクは「タイムマシン経営」だと言われます。

これは、「アメリカで成功したビジネスは、少し遅れて日本にもやってくる」という考えのもと、アメリカの有望なベンチャー企業に出資したり、ジョイントベンチャーを設立したりして、そのビジネスモデルをいち早く日本に持ち込む経営手法です。

ソフトバンクが創業間もない頃の「Ｙａｈｏｏ！」に出資し、のちに国内で「Ｙａｈｏｏ！ＪＡＰＡＮ」を設立したのは、その代表的な例です。

検索サービスを生み出したのは、あくまでアメリカの「Ｙａｈｏｏ！」であり、孫社長はそのモデルを借りたことになります。

それでも結果的に「Ｙａｈｏｏ！ＪＡＰＡＮ」は国内シェアナンバーワンのポータルサイトになったのですから、ビジネスとしては大成功です。アイデアがオリジナルかどうかなど、もはや誰も問題にはしません。

「Ｙａｈｏｏ！ＢＢ」のキャンペーンで展開したパラソルも、もともとは「スカパー！」の販促で成功した手法であることは紹介しました。これも、過去の成功パターンを別のビジネスで真似して、結果を出したケースです。

孫社長ほどの天才的経営者でさえ、他人のアイデアをどんどん借りているのです。ビジネスや仕事の経験が少ない人なら、なおさら成功者からノウハウや知恵を借りるべきでしょう。

成功している会社や人は、必ず「勝ちパターン」を持っています。それを借りれば、経験のない仕事やビジネスでも、すぐに結果を出せるのです。

人からお金を借りる力の鍛え方

孫社長が人から借りるのは、情報や知恵だけではありません。

ビジネスをするのに不可欠な「お金」を借りるのも、天才的にうまい経営者です。

では、なぜお金を借りることができるのか。

そのポイントは、**「ゴールから逆算し、必要なときに必要な金額を借りられるだけの実績と信頼をつくること」**です。

第2章でも紹介した通り、ソフトバンクが日本テレコムやボーダフォンを買収できるだけの資金を調達できたのは、孫社長が「NTTドコモを抜いてナンバーワンになる」というゴールから逆算して、戦略を練ったからです。

NTTドコモと同じ土俵に上がるには、携帯電話事業に参入する必要がある。携帯電話事業に参入するには、通信業界で実績をつくる必要がある。

ゴールまでの道筋を描いた孫社長は、まずADSL事業に参入して500万人のユーザーを獲得。その実績を引っ提げて、固定電話事業者の日本テレコム買収に向けた資金調達を行いました。

「ADSLユーザーは、IP電話も利用できる。ソフトバンクと一緒になれば、日本テレコムの固定電話ユーザーと連携したお得プランを打ち出すなど、大きなシナジーを生み出してより大きく成長できる」

孫社長はこんな説明をして、金融機関から資金を調達したのです。

買収額は3400億円。その前年度の売上高が5000億円台だった企業にとっては、大きな額です。

この買収により、1000万人の顧客と固定電話事業者としての実績を得たのち、満を持して携帯電話事業者のボーダフォン日本法人を買収。このときの買収額は1兆7500億円で、日本企業によるM&Aとしては史上最大規模でした。

通信事業者として何の実績もなかった頃のソフトバンクには、とても調達できなかった額ですが、孫社長は「ホップ、ステップ、ジャンプ」の三段理論で、巨額のお金を金融機関から借りることに成功したのです。

ソフトバンクはその後も大型の買収や投資を続けていますが、それも孫社長にお金を借りる力があるからです。

「ソフトバンクはあんなに借金をして大丈夫なんですか?」とよく聞かれますが、経営の視点から見れば、むしろ借金が多いのはとても良いことです。

なぜなら、「借金をしても、将来それを上回るだけのキャッシュを稼ぐことができる」と金融機関が判断した証拠だからです。

つまり、それだけの信用と将来性があるとお墨付きをもらったようなもの。だから、借りられるうちは、どんどん借りればいいのです。

それを使ってビジネスを成功させ、世の中にお金を回していくことも、企業の果たすべき大事な役目です。

「熱意」がない人には、誰も力を貸してくれない

「孫社長は社会的に影響力があるから、他の人たちも力を貸してくれるのでは？」

そう思った人もいるかもしれません。

しかし、孫社長が何でも人に聞きに行くのは、今に始まったことではありません。**まだ無名の若者だった頃から、知りたいことがあれば自分から情報や知恵を取りに行っていました。**

孫社長が16歳の頃、当時の日本マクドナルド社長だった藤田田氏に会いに行ったエピソードは有名です。

もちろん当時の孫社長は名もなき高校生でしたが、藤田氏に手紙を出したり、秘書に何度も電話をかけたりして、粘りに粘った末に面会がかなったそうです。

ようやく対面した藤田氏に、孫社長は「これからアメリカに留学するのですが、何を勉強すべきでしょうか」と質問しました。

それに対して返ってきたのが、「これからの時代は、コンピューターの勉強をしなさい」という答えだったのです。このひと言が孫社長のその後の歩みを決定づけたかと思うと、感慨深いものがあります。

このことからわかるのは、**「こちらが何者であろうと、話を聞きに行けばたいていの人は答えてくれる」**ということです。

自分が知りたい知恵や情報を持つ人を探し出し、何のつながりもない相手に「力を借りたい」と連絡をとるのは、それだけの手間と勇気が必要です。だからこそ、連絡をもらった相手は「この人は本気なのだな」と熱意を感じて、「だったら力を貸してあげよう」と思うのです。

私も20代の頃、財務理論の第一人者といわれる大学教授のところに押し掛けて、レクチャーを受けたことがあります。

ソフトバンクに転職してすぐの頃、孫社長に数字に強くなるよう言われたものの、教科書の内容だけでは実践にどう生かしていいのかわからないことも多く、専門知識のある人に教えを受けたいと考えたからです。

何の面識もつながりもない相手でしたが、連絡をとったところ、教授は快く応じてくれて、何度か話を聞きに行きました。もちろん授業料をとられることもなく、完全なご厚意です。

当時のソフトバンクはまだ知名度が低く、私もただの若手社員ですから、教授に何かメリットがあって引き受けてくださったわけでもありません。

それでも**「知りたい」という熱意があれば、こうして人から話を聞くことはできます。**「学生だから」「新人サラリーマンだから」などと尻込みする必要はないのです。

私も今では、話を聞かれる立場になることが増えました。

ここまで何度か登場した不動産営業の山田君も、その1人です。彼も私に連絡をとって会いに来たから、「高速ＰＤＣＡ」に基づいた仕事術の話を聞くことができ、結果を出すためのきっかけを摑《つか》めました。

私の著書を読んだという学生が連絡をくれることも多く、都合がつく限り、会って話を聞くようにしています。**自分から本の著者に連絡をとってみようと思う時点で、相手にそれだけの熱意と真剣さがあるとわかるからです。**

多くは起業や会社経営に興味がある若者で、進路や就職についてアドバイスをしたこともあります。

実際にそのうちの何人かは、現在ベンチャー企業の経営に携わったり、起業を果たしています。

教育・福祉事業を手がけるリタリコの代表取締役社長を務める長谷川《はせがわ》敦弥《あつみ》氏もその1人です。

今から10年ほど前、大学生のときに私のもとを訪れて、「卒業後は就職したほうがいいでしょうか、それとも自分で起業したほうがいいですか?」と聞かれたので、私は「絶対に勝てると思える状況をつくってから、起業したほうがいい」と答えました。

それで彼はベンチャー企業に就職する道を選んだのですが、しばらくして突然、また長谷川氏から連絡がありました。

彼は社内で実績を認められ、若くして社長になっていました。ただ、業績が思わしくないため、「三木さんの力を貸してほしい」と言われたのです。

そこで私はリタリコの社外取締役になり、「高速ＰＤＣＡ」の手法を伝えながら経営改善に向けて協力しました。すると業績はすぐに黒字に転じ、２０１６年にはマザーズ上場も果たしました。

自分が孫社長のもとで学んできたノウハウを、こうして若い経営者のために役立てられるのを、私も嬉しく思っています。


このように、若くして結果を出す人たちは、みんな人の力を借りるのが上手です。

ですから皆さんも、自分が知りたい情報や知恵を持つ人がいたら、ためらわずに連絡をとることを勧めます。

今はネットで調べれば、その分野に関する専門家やプロフェッショナルがすぐに見つかります。ホームページやブログを開設していれば、そこからメールで連絡をとることもできますし、ＳＮＳからもコンタクトできます。

もちろん、断られることもあると思いますが、10人に声をかければ、１人か２人は会ってくれるでしょう。別に断られたところで、こちらが失うものは何もないのですから、やってみて損はありません。

何のコストもかからず、ノーリスクで大きなリターンが得られれば、これほどお得なことはないはずです。

人が力を貸したくなる話し方

上手に人の力を借りるには、三つのコツがあります。

①話を聞く前に、本を読んでおく
②良い質問を用意しておく
③ビジョンを語る

まずは、「話を聞きに行く前に本を読んでおく」です。これは「あたり」をつけるためです。

その分野やテーマに関する基本的な情報にざっと目を通したうえで、「本当に知りたい情報はこのあたりにあるんじゃないか？」と見当をつけておく必要があります。

それをせずに話を聞きに行っても、何が自分にとって役立つ情報なのかさえ、判断がつきません。

私は現在、人工知能を活用した新しい事業の準備を進めています。

事業を立ち上げるにあたっては、この分野の研究者や開発者たちに話を聞きに行きましたが、その前に私がやったのは人工知能に関する本を読むことでした。

書店に行って、このジャンルの本を3冊ほど購入し、自分にとって重要だと思うページにふせんを貼っていきました。基礎的な情報を網羅した本を3冊も読めば、「人工知能とは何か」という概要が理解できます。

それからいろいろな人に話を聞きに行ったところ、ある会社で人工知能を研究している人と出会いました。

事前にあたりをつけていた情報をもとに、私が「人工知能の学習プロセスと、人間の脳の学習プロセスは同じらしいですね」と聞いたところ、相手が思いがけないことを言ったのです。

「そうなんです、だから人工知能の研究には、実験環境が必要なんです」

要するに、人間の脳と同じように学習できる環境があれば、研究をさらに先へ進められるということでした。

私の会社は以前から、英語教育やe《イー》ラーニング事業を手がけてきたので、人間の脳の学習プロセスを観察する実験環境を持っています。そこで「私たちの実験環境を提供しますから、一緒にビジネスをやりませんか」と提案したところ、すぐに了承の返事をもらうことができました。

話を聞くだけでなく、ビジネスパートナーとして力を借りられる関係になったのです。

こうして、私の会社は開発費を負担することなく、人工知能のテクノロジーを利用したビジネスの準備を始めることができました。

これもあらかじめ本を読んで、あたりをつけていたからこそです。

ただ「人工知能って何でしょう？」という話をしていたら、ここまで具体的な仕事の話にはつながらなかったはずです。

なお、本を読んであたりをつけた箇所をさらに深く掘り下げたいときは、論文を読むことを勧めます。

「CiNii」（http://ci.nii.ac.jp/）は学術論文や博士論文などを検索できるデータベースです。

一部有料ですが、得られる情報や知識の質を考えれば、決して高くはありません。論文の作者の中には「一般向けの本は出していないが、この分野では第一人者として知られている」という人も多いので、話を聞く相手を見つけるためのツールとしても役立ちます。

上手に人の力を借りる二つ目のコツは、「良い質問を用意しておく」です。

良い質問とは、自分なりの仮説を持ったうえでする問いかけです。

私が講演をすると、質疑応答で「今ならどんな事業が成功しますか？」と聞かれることがあります。

でも、それには答えられません。

なぜなら、その事業を手がける人の能力や経験、置かれている環境によって、何が成功するかは違ってくるからです。

今すぐ1億円の借金ができる孫社長と、100万円しか借金できない人では、新しく始められる事業もまったく異なります。

ですから、「どんな事業が成功するか」という質問をするなら、用意できる資金やその人が持つノウハウ、事業を起こそうと考えているエリアや業種などの前提条件を明らかにしないと、私としても答えようがないのです。

でも、**仮説を持って質問をしてくれれば、私も役に立つアドバイスができます。**

「東京・新宿区の繁華街で、3坪の小さいポップコーン屋を開こうと考えています。1年間の賃料を払えるくらいのキャッシュは手元にありますが、うまくいくでしょうか」

これくらいの具体性を持って聞いてもらえれば、私も役に立つ答えを返せるでしょう。

それを何の仮説もなく、「何をやれば成功しますか?」というのでは、占い師に相談しているようなものです。

相手もせっかく時間をとって話を聞いてくれるのですから、この貴重な機会を無駄にしないためにも、良い質問を準備しておきましょう。

ビジョンを語れば、思いがけない協力者が現れる

人に力を借りる三つ目のコツは、「ビジョンを語る」です。

「この人に力を貸したい」と思うのは、共感できるビジョンがあるからです。これは「志」と言い換えてもいいかもしれません。

ビジョンを語れば、思いがけない協力者が現れたり、情報やお金が集まってきたりする。これは希望的観測ではなく、確固たる事実です。

孫社長の周囲に人が集まってくるのは、常に「自分はこれをやりたい」という志を宣言しているからです。

やりたいことがあれば、大々的に発表してしまうのが孫社長のやり方です。

ＡＤＳＬ事業への参入を発表したときも、実はあくまで「試験サービスを始める」

という内容でした。なぜなら、通信業界を管轄する総務省や設備を借りるＮＴＴドコモとの調整がすべて終わっていたわけではないからです。

しかし、「ソフトバンクはＡＤＳＬをやります！」と宣言したことで、力を貸したいという協力者が次々と現れました。ソフトバンクの参入以前にＡＤＳＬ事業を手がけていたベンチャー企業から「一緒にやりたい」と手が挙がり、買収した結果、この会社が持つ人材やノウハウを借りることができて非常に助けられました。

私が独立して最初に手がけたのはｅラーニング事業ですが、このときも**「教育事業をやりたい」とあちこちで話して回るうちに、協力者が現れました。**

その人はネットカフェにゲームなどのコンテンツを卸す会社を経営していて、「ネットカフェでｅラーニングができたらいいんじゃないか」と提案してきたのです。しかも、その人が出資者になり、取引先のネットカフェに売り込んでくれると言います。

おかげで私は、自分で多額の資金を用意する必要もなく、ほとんどノーリスクで事業を始めることができました。

まだアイデアの段階でも、誰かに話してみれば、思いがけない情報やお金が集まってくるものだと実感しました。

個人が会社の中で協力者を得たいときも同様です。やりたいことがあれば、まず誰かに話してみる。単純なようですが、これはとても大事なことです。

黙っているうちは、あなたが何を志しているか誰も知ることはできません。でも、口に出してみれば、力を貸してくれる人が現れる可能性は十分あります。

私はソフトバンクに転職する前に勤めていた三菱地所で、「丸の内活性化プロジェクト」を立ち上げた経験があります。

当時の丸の内は、今からは想像がつかないほど寂《さび》れていました。バブル崩壊後に地方銀行や大手企業のオフィスが次々と撤退し、完全なシャッター通りになっていたのです。

その様子を毎日のように見ていた私は「この街を元気にしたい」と考え、空き店舗になっていた場所でカフェを開こうと考えました。

とはいえ、当時の私は新卒で入社して2年目。しかも所属は広報部でした。街の再開発に関して何の経験もない新人が提案したところで、「なんでお前がそんなことを？」「うまくいくはずがない」と反発をくらうのは目に見えていました。オフィス街の丸の内で飲食店をやるという発想も、この頃としては常識外れでした。

それでも**思いきって「こんなことをやりたい」とビジョンを語ったところ、直属の上司と先輩が賛同してくれました。**上司は「俺が責任をとるから、自由にやってみろ」とまで言ってくれたのです。カフェを開く資金も、広報部の予算を使えることになりました。

そして上司の口添えもあり、社長に直接プレゼンする機会をもらえました。

このプレゼンが通って、「丸の内カフェ」をオープンさせたところ、店は大盛況となりました。この成功がきっかけとなり、丸の内全体を活気ある街にするためのプロジェクトが社内で本格的に動き出したのです。

これもすべて、私が「これをやりたい」というビジョンを語ったからです。

これに関連して、もう一つ人の力を借りるコツを付け加えるなら、それは「社内で実績を積むこと」です。

予想した通り、私の上司と先輩以外は、社内の誰もがカフェの提案には大反対でした。

ところが、いざやってみてカフェが成功すると、社内の人たちも「いけるじゃないか」と空気が180度変わったのです。その結果、プロジェクトに協力してくれる人が増えていきました。

どんなに小さくてもいいから、社内で一度実績をつくれば、周囲の協力は得やすくなります。「この人と一緒なら勝てる」と思わせれば、人も情報も自然と集まってくるのです。

私は、人の力を借りれば、どんな問題も解決できると考えています。

極端な話、「宇宙開発をしろ」と言われても、即座に「はい」と引き受けると思います。

なぜなら、宇宙開発に詳しい人の力を借りればいいからです。

自分にないものは人に借りればいい。

そう考えれば、自分ができることの可能性は無限大に広がるのではないでしょうか。

おわりに

ソフトバンクの成長が止まらない秘密

時価総額200兆円の世界ナンバーワン企業

孫社長のゴール設定は、常に「ナンバーワンになること」である。

このことは、第1章でお話しした通りです。

しかも単なる1位ではなく、めざすのは「圧倒的ナンバーワン」です。

競合他社が数万人規模のユーザーしか持たないADSL事業に、その数十倍の「100万人獲得」を目標に掲げて参入し、それを実現してしまったのは象徴的な例です。

その後、2013年に売上高、営業利益、純利益のすべてにおいてNTTドコモを抜き、ソフトバンクは業界ナンバーワンの座を手にしました。

そして今、孫社長はすでに次の「ナンバーワン」を見据えています。

２０１６年７月、ソフトバンクがイギリスの半導体設計大手のＡＲＭを買収すると発表し、世間の話題をさらいました。

買収額は約３兆３０００億円。

ボーダフォン日本法人を買収した際の１兆７５００億円を大きく上回り、日本企業による買収案件としては過去最大規模になりました。

ＡＲＭが設計したチップは、スマートフォンやタブレットなどのモバイル製品からソフトウエアまで世界中で幅広く使われ、アップルやサムスンをはじめとする多数の企業に提供されています。特にスマートフォンについては、「世界中の端末の97％がＡＲＭのチップを搭載している」というほどの圧倒的シェアを誇ります。

孫社長は、スマートフォン市場でナンバーワンになるためにＡＲＭを買収したのではありません。

これまでコンピューターの世界では、パラダイムシフトが繰り返されてきました。そして、次にやって来るのは「ＩｏＴ」だと孫社長は考えています。

これは「Internet of Things（モノのインターネット）」の頭文字をとったもので、これまでは主にパソコンやモバイル端末などのＩＴ機器に接続されていたインターネットが、「モノ」にもつながることを意味します。

今後は自動車や家電製品など、あらゆるものがインターネットに接続されるようになるでしょう。つまり、すべてのものが端末化していくのです。

そうなれば、スマートフォンやタブレットの台数をはるかに超えるチップが必要となります。そのとき、圧倒的シェアをとれるのはどこかと考えれば、ＡＲＭしかありません。

例によって世間からは「買収に3兆円も使って大丈夫なのか」という声が上がりましたが、孫社長には「絶対に勝てる」という確信があると思います。

むしろ「3兆円でこんなにいい会社が買えるなんて、お得だなあ」くらいに思っているでしょう。

おそらく孫社長にとって、現在のロールモデルはインテルです。

１９９０年代から現在に至るまで、インテルは半導体メーカーとしてトップに君臨し、パソコン用ＣＰＵでは圧倒的シェアを守り続けてきました。しかし、パソコンの時代からＩｏＴの時代へとパラダイムシフトが起これば、ＡＲＭの優位性はますます高まります。

そのとき、ソフトバンクは世界市場における「圧倒的ナンバーワン」になる。

孫社長は、それをゴールに設定したのです。

すでに具体的な数値目標も示しています。

創業30周年の節目となる２０１０年に発表した「ソフトバンク新30年ビジョン」で、「30年後に、時価総額２００兆円の企業になる」と明記しています。

これを達成すれば、２０４０年の世界の時価総額トップテンに入れると予測しています。

現在のソフトバンクは、時価総額がグループ全体で約11兆円なので、単純計算で約20倍の数字です。

しかし、孫社長は本気でこれをやり遂げようとしています。

「10兆、20兆の話はもう終わった。次は１００兆、２００兆の話をするぞ！」

孫社長にしてみれば、そんな感覚なのでしょう。

２０００年頃、私は孫社長と一緒に「ソフトバンク３００年計画」を作ったことがあります。

10年や20年先ではなく、３００年後の未来にソフトバンクはどうなっているか。それを真剣に2人で検討し、巻物のような長い紙にまとめたのを思い出します。

そのとき、すでに孫社長は「毎年何％成長すれば、１００兆円を超えられるか？」という話をしていました。

突然桁違いの目標を持ち出したわけではなく、孫社長にとってはずっと以前から見ていたゴールなのです。

低成長の日本で成長を続けられるか？

会社であれ個人であれ、成長を続けることができるのは、常に高い目標を設定するからです。

高い目標を置くから、そこから逆算して「今年／今月／今日の目標値」が決まってきます。「目標を達成するには、今何をすべきか？」が見えてくるのです。

ところが多くの日本企業は、「今できる数字」を積み上げようとします。

「今年は景気が悪いから、目標は前年比101％にしておこう」

そんな決め方をするので、結局はほぼ現状維持で終わってしまいます。みずからをストレッチさせる要素はどこにもありません。

今の日本企業が成長できない原因も、ここにあります。

そもそも日本人は、結果にコミットするのを怖がる傾向にあります。

もしアメリカ人に「目標を達成できたら、出世させてあげますよ」と言えば、勝手に高い目標を設定します。

「昨年比135％を達成して、ライバルのあいつを抜いてやるぞ！」

こんなふうに考えるのが一般的です。

ところが、同じことを日本人に告げるとどうなるか。

「目標を達成できなかったらマズいから、目標は昨年比101％にしておこう」

こうなってしまいます。

とにかく失敗したくない。失敗しないためには、成功の基準を低くしておけばいい。

そう考えて、目標値を下げてしまいます。これではなかなか成長できないし、海外の企業に勝てないのも当然でしょう。

日本人がこれほど失敗を恐れるのは、リスクを許容する環境が会社の中にないからです。

一度でも失敗すれば、評価に×がついてしまう。この仕組みが変わらない限り、日本企業で働く人たちがチャレンジを尻込みする状況が続いてしまうかもしれません。

でも、リスクの許容度が低い組織の中で、より高い結果を出し続けていく方法が一つだけあります。

それが「高速ＰＤＣＡ」なのです。

失敗を前提とした仕組みをつくり、失敗を成功へとつなげていければ、失敗は失敗ではなくなります。

リスクをとりつつ、小さな成功を積み重ねながら、より高い目標をめざして「高速ＰＤＣＡ」をぐるぐる回していく。

そうすれば、気がついたときには自分でも驚くほど高い山の頂上に立っているはずです。

「ナンバーワン」が目標なら、誰でも成長できる

孫社長が実践する「ナンバーワン戦略」は、企業の経営だけに当てはまることではありません。

個人が仕事の目標を立てる際も、ぜひナンバーワンを指標にすべきです。

営業マンであれば、「同じ部署でナンバーワン」「同じエリア担当でナンバーワン」「同期でナンバーワン」といった存在が身近にいるはず。それが格好のロールモデルになります。

その人たちの業績を超える数値をゴールに設定し、「やる！」と決めるところから、あなたの「高速ＰＤＣＡ」が回り始めます。

もちろん、会社から与えられるノルマもあると思いますが、その目標が部署で2番目の数字だったら、たとえ達成してもあなたは2番手のまま。自分をもっと大きく成長させたいなら、それとは別に自分でゴールを設定することが重要です。

ナンバーワンの結果を出せば、たとえあなたが新人や若手であっても、人や情報、お

金が集まってきます。

別部署の人間とチームで仕事をするときも、「ナンバーワンと組みたい」という指名が来るようになります。優秀なパートナーと組めば、有益な情報やノウハウも共有できて、ますます高い成果が出せます。

上司が仕事を割り振るときも、まずはナンバーワンから声をかけるものです。「大型の受注が見込める取引先があるんだが、やってみるか？」と真っ先に指名されるのは、トップの成績を出している人です。

結果を出す人間には、大きな予算や経費を使う権利も会社から与えられます。

個人の仕事でも、ナンバーワンになることで得られる価値は想像以上に大きいのです。

「高速ＰＤＣＡ」で結果を出せるのは、売上や利益などの業績だけではありません。働き方を変えることも可能です。

毎日遅くまで残業しているが、もっと短時間で結果を出せるようになりたい。

そう思うのであれば、１日の仕事の単位を「定時の17時半まで」などで区切り、その中で「高速ＰＤＣＡ」を回していけばいいでしょう。

仕事の効率はどんどん高まり、あなたは「時間当たりの生産性で社内ナンバーワン」になれるはずです。

組織に属する人なら、目標は会社から与えられることがほとんどです。

しかし、「会社や上司に言われたからやる」というのでは、モチベーションも上がらないし、目標が単なるプレッシャーやストレスになりがちです。

それよりも、みずから高い目標を設定し、自分で工夫しながら結果を出すほうが、仕事は断然楽しくなるのではないでしょうか。

どんな人にも、やりたいことや理想とする生き方があるはずです。

だったら、まずはそれを「やる！」と決めてしまいましょう。

孫社長や私がそうしてきたように、何事も実行ありきで考えれば、どんなに遠く思えるゴールでも必ず辿り着けます。

自分の人生を誰かにコントロールされるのではなく、自分が思うように生きるためにも、ぜひ「高速ＰＤＣＡ」を役立ててほしいと願っています。

［著者］
三木雄信（みき・たけのぶ）
1972年、福岡県生まれ。東京大学経済学部卒業。三菱地所㈱を経てソフトバンク㈱に入社。ソフトバンク社長室長に就任。孫正義氏のもとで、マイクロソフトとのジョイントベンチャーや、ナスダック・ジャパン、日本債券信用銀行（現・あおぞら銀行）買収、およびソフトバンクの通信事業参入のベースとなった、ブロードバンド事業のプロジェクトマネージャーとして活躍。また、一連の事業を通して「高速ＰＤＣＡ」の土台を構築する。
2006年に独立後、ラーニング・テクノロジー企業「トライオン株式会社」を設立。1年で使える英語をマスターするOne Year English プログラム〈TORAIZ〉を運営し、高い注目を集めている。
自社経営のかたわら、東証一部やマザーズ公開企業のほか、未公開企業の社外取締役・監査役などを多数兼任。プロジェクト・マネジメントや資料作成、英語活用など、ビジネス・コミュニケーション力向上を通して、企業の成長を支援している。
多数のプロジェクトを同時に手がけながらも、ソフトバンク時代に培った「高速ＰＤＣＡ」を駆使し、現在は社員とともに、ほぼ毎日「残業ゼロ」。高い生産性と圧倒的なスピードで仕事をこなし、ビジネスとプライベートの両方を充実させることに成功している。
著書に、『なぜあの人は中学英語で世界のトップを説得できるのか――孫正義のYesと言わせる技術』（祥伝社）、『海外経験ゼロでも仕事が忙しくても「英語は1年」でマスターできる』（PHP研究所）、『世界のトップを10秒で納得させる資料の法則』（東洋経済新報社）など多数。

孫社長のむちゃぶりをすべて解決してきた
すごいPDCA
――終わらない仕事がすっきり片づく超スピード仕事術

2017年２月９日　第１刷発行
2023年８月４日　第８刷発行

著　者――三木雄信
発行所――ダイヤモンド社
〒150-8409　東京都渋谷区神宮前6-12-17
https://www.diamond.co.jp/
電話／03･5778･7233（編集）　03･5778･7240（販売）
装丁――――西垂水敦・坂川朱音（krran）
本文デザイン･DTP――斎藤充（クロロス）
編集協力――塚田有香
製作進行――ダイヤモンド・グラフィック社
印刷――――勇進印刷（本文）・加藤文明社（カバー）
製本――――ブックアート
編集担当――逸見海人

ISBN 978-4-478-10095-0